U0003760

LOCUS

LOCUS

LOCUS

LOCUS

mark

這個系列標記的是一些人、一些事件與活動。

mark 34 中國好女人
作者：欣然
責任編輯：陳郁馨　美術編輯：何萍萍
法律顧問：全理法律事務所董安丹律師
出版者：大塊文化出版股份有限公司
台北市105南京東路四段25號11樓
www.locuspublishing.com
讀者服務專線：0800-006689
TEL：(02) 87123898　FAX：(02) 87123897
郵撥帳號：18955675
戶名：大塊文化出版股份有限公司

總經銷：大和書報圖書股份有限公司
地址：台北縣三重市大智路139號
TEL：(02) 29818089 (代表號)
FAX：(02) 29883028　29813049
排版：天翼電腦排版印刷有限公司
製版：源耕印刷事業有限公司
初版一刷：2002年 11 月

定價：新台幣 280 元
Printed in Taiwan

中國好女人

欣然⊙著

這本書獻給

　每一個中國女人

也贈與您

　因爲您的生命中有女人的印記

還有我的盼盼

　一個中國女人的兒子

目錄

*作者說明：本書中的故事都是眞的，但爲了保護當事人，所有姓名均爲化名。

自序

我出身於一個父母都曾爲中國軍人的家庭。

我的父親來自於一個高知的大家庭。祖輩的西方文化教育使這個家庭的兒女分別成爲美國、中國的專家學者；然而，這也同時成爲這個家庭在中國十年文化大革命中備受迫害的原因。

我的母親則來自於一個成功的商人家庭。祖輩的碩大資產保證了這個家庭中的孩子們接受到了最好的知識教育，可沒能使它的後代富有。一九四九年後的中國政治運動剝蝕了那份大家業。

我小的時候有四個職業的願望：外交官，作家，律師，記者。

在十年前的中國，這四個職業中的女性都很少。在我的這四個童年時的願望中，一半已成爲我的經歷，另外一半仍是在我的願望之中。

我在中國曾是一位記者，一位廣播電視主持人，一位女性問題的專欄作者，一位大學副教授，也在中國的軍隊工作了十年。我利用十年中奔走於中國大陸東西南北的採訪機會，記錄下了數十萬字的關於現代中國女性情感、婚姻、家庭，以及生長條件的採訪手跡。在我的話筒前，在我的熱線中，我所顯示的信任、眞誠和善良使我聆聽了數百位中國女人的悲歡哀樂。十年中幾乎每天幾十封的聽衆讀者來信，使我生活在中國女人的故事裡。

這些故事裡的中國女人來自不同的地區、不同的階層、不同的民族、不同的文化背景。她們中，既有中國東部經濟相對發達地區的女老闆，也有中國西北部那貧困得連衣服都得幾個人合穿的農家女孩子；她們中，既有家裡連馬桶都是從義大利進口的權貴夫人，也有掙著外國洋錢、視情愛爲市場的女大學生……

她們所擁有的共同便是她們都是中國的女子，她們生存在同一個以人文祖訓爲傳統的國度。而這些祖訓中，女人與小人同類，女子與財產相配；女人不能自主自己的婚姻，女性無權要求性的幸福。這些祖訓在現代中國並沒有因爲它的古老和愚昧而失去它的存在的空間，它被最近八十年的中國以它獨特的「政治需求」跟「革命原則」改造發揚了：追求信仰自由的女子被革命的需要「嫁」人了；追求性解放的女人被政治的戒律送進了監獄；而那些試圖在今天社會擺脫政治姻緣的妻子們被看作是「道德敗壞」，可那些以政治爲事業的男人們卻可以腿上坐著「下一代」以品味現代年輕女人的新鮮。紅色革命盡染中國大地的同時，也把中國人的人性生活、天性本能關進了地獄，爲了不使幹革命的男人們「憋死」，很多的女人被「命令」去完成保證革命者陰陽平衡的「特殊使命」，而其他的女人們則被趕入了人性的荒漠……這，便是中國女人們所擁有的共同。

這些中國女人的「共同」和這些「擁有」，在我近十年的採訪中是那樣地鮮明，那樣地震撼了我，我曾多次爲這些「共同」和「擁有」而流淚，有時甚至不能自制。

一位現已過世的老編輯看到我如此痛苦時，他勸告我：「欣然，你應該寫出來，你應該寫出你看到的、聽到的、感受到的中國女人們的故事。『寫』是一種情感的寄託，也可以幫助你擴充接受和容納的空間。否則，你的內心會被那些驚天地泣鬼神的女人故事所撐破的。」

那時，我不可能這樣做，我寧願被這些中國女人的故事撐破也不願因爲「寫」而被送進監獄。我的孩子不能沒有我，我的聽眾讀者以及等待我幫助的女人們不能沒有我，我那心中的故事也不能失去它們寄存的空間和機會。

當我在考慮是否放棄在中國的優越條件前往英國進修時，我曾擔心重返故里時我會失去我曾經擁有的一切。但是，這些中國女人的故事給了我勇氣和意志，我知道我有責任寫出這些故事，我應該讓更多的人眞正地了解中國女人。

有人說，智慧跟勇氣是你腳下的路，而聲譽跟成績是你被信任的捷徑。我的經歷證明這話有道理。在我的事業中，「寫」一直與我相伴。有的是我爲生存而必須寫的，有的是我爲所感而順便寫的，有的則是我爲情感而想寫的，而這本《中國好女人》則是我爲中國的女人而應該寫的。

當我想到這本書的名字時，我想到了我看到的那些樹，無論她們生存在世界的哪兒，女人都是那不同品種卻都是被叫做女人的同一物種。每個女人都如同那樹葉，雖同屬一個膚色，或是一個國家，甚至一個家庭，但都有著自己的不同。在中國女人這顆樹上，我採集了許多片樹葉，所以我想這本寫中國女人故事的書可能應該叫做《女人樹》？可同時，我也想到了那些水中的鵝卵石，她們被時光、被流水沖蕩成了圓形，人們想她們變了，可當你打開她們時，你會知道她們的內心還是那麼堅實；這猶如與我共存的女人們，無論她們有什麼樣不同的喜怒悲歡，無論她們被描繪成如何的形形色色，也無論她們被生活被男人放在了什麼位置上，她們的內心依舊是女人，無人無事可更改，也許這本書應該叫《水中的卵石》？或者是《一顆流淚的卵石》？爲什麼會有淚？你讀了這本書就會知道了。

最後，我選擇了這個《中國好女人》的名字，因爲中國的女人眞好。

序曲

那是一九九九年十一月三日，我在倫敦大學亞非學院教完晚間的中文商務課後，大約於晚上八點五十分左右，我匆匆走出位於倫敦西部的史地福布洛（Stefordbrok）地鐵站，向著泰晤士河邊的住所走去。入秋的英格蘭，早已沈寂在黑色的夜景之中。就在我剛剛穿過地鐵站前的馬路向南走不到兩百公尺的時候，我猛然聽到一個低沈的吼聲在我的身後炸響，還沒等我反應過來是怎麼回事，我的頭部便重重地挨了一下，頓時，我彷佛墜入了一個轟鳴的深淵！出於下意識，我緊緊抓住手中的提包，包裡有我今天剛剛完成還未來得及複製的手稿磁片，可我很快感覺到還有一隻更有力的手也在爭奪這只包。

「我不能讓這隻手拿走我的包！」

這個念頭給了我一種不知是從哪來的力量，已倒在地上的我，奮力與那隻來自黑暗的手拼奪著我的包。夜色中，我無法看清那隻手所歸屬的臉跟那身體的著裝，我只發現自己在同兩隻瞪得滾圓的白眼睛、一對上下張合的白牙，以及一雙有力的但看不見的手所組成的魔鬼博鬥。我極力在抗爭中保護著自己的要害部位，並用我腳上穿的皮靴去踢他那個我想一定存在的下身，但與此同時，我的腰、大腿和兩個肩膀很快就遭受到來自這個魔鬼的另一組攻擊，那是一雙在冬天會變成格外硬的皮鞋！

重複的吼叫令我聽清了它的內容：

「給我你的包！」

「給我你的包！」

爲什麼!?我的抗爭在拒絕這個「命令」。違抗「命令」的結果是，我嘗到了自己嘴中的血腥和從鼻子裡湧出的熱血。後來，看到醫院救護人員手中那些大量的清理棉球，我才知道我幾乎成了血人！

不遠處的路人這才發現我們不是「在玩遊戲」，而是有人在攔路搶劫。於是他們開始從不同的方向喊叫著朝我們跑來，我從那兩隻突然四下亂轉的驚恐憤怒的白眼睛上判斷出來：我得救了，我的包保住了。

兇狠的皮鞋、白牙、白眼睛和那雙失敗的手，在憤怒的人群中顫抖。人們抓住了搶劫者——一個二十多歲、近一米九高的搶劫者。

營救我的人一邊爲我擦著血一邊問我，爲什麼不讓他拿走包，而要跟這樣高大的搶劫者爭鬥？聞聲而來的員警一邊記錄著那些證人的供詞一邊告誡我，爲了一個包而這樣反抗是會丟命的！

我在顫抖跟疼痛中，用微弱的聲音爲自己解釋：「因爲包裡有我的書。」

「書!?是書重要還是你的命重要？」我知道在他們的眼裡我是個傻子。

書重要？還是命重要呢？

回答當然是命。命是活著，可我覺得我的「命」便在這本書中。書中的自我和書中的女人，是我活著的憑證，也是我爲中國女人所寫下的證詞，那是我在中國近十年的採訪手記！

我知道我很笨，人在書可重寫。可對我來說，我覺得我經不住再一次被書中的人、事、物重現時所帶來的喜、怒、悲、歡所激動，那感受就如同你的思想被放入一個回憶的攪拌器，在情感的轟鳴中一切被攪和在一起，你得用理智，用眞情，把它們一點一點分出原本的形態，再用那根本不夠用的語言，把這些人、事、物排入時間的隊伍中，歸入情感的類別。眞的很難，很難。

我是女人，我採訪的是女人，我的書中是中國女人的故事；女人是情感的物種，那無限分類的情，那無以盡述的感，你根本不可能重來第二遍。那是一個個無法「重來」的結果，如同花、草、樹，對每一季的感受，在每一季的變化，是不一樣的。這也跟你走入記憶時遇到的情形一樣，打開的是「過去」這扇門，而門內的叉路很多，幾乎每次都有不同的路徑……

第一章 從一封求救信開始

中國女人有自己婚姻選擇權的歷史不過才七、八十年，而且只是一些受過教育的女性，你以爲這個權力帶給她們家庭地位的平等了嗎？會有多少女人能脫掉她們虛榮或自尊的外衣，向你坦露她們生理的甘苦和情感的眞實？

記得第一次坐在那個比開飛機還複雜的廣播電臺調音控制臺前，我打開話筒後的第一段話是：

「收音機旁的朋友，您好！我是欣然，欣賞的欣，大自然的然。『欣欣然睜開了眼』，這是詩人朱自淸的一句詩，意思是溫暖的春天和生命的綠色來了。我希望每晚十點到十二點從收音機裡走到您身邊的欣然，爲您帶去的是一個朋友的眞誠和溫暖，而您在欣然的節目中所能感受到的是生活的信心和美好。爲了早日同您在空中見面，我將盡力勸說太陽早點下山。」

眾所周知，一九四九年至八八年之間的中國媒體是一種「克隆」形態，所有的大眾資訊都在「黨的著色」後，被一個個完全相同的喉舌和一支支毫無差異的筆傳播著。從這種傳媒形式中，你能理解到「工具」這個詞在詞典之外，而在新聞之中的特殊含義。一九八八年之後，一些有「改革開放」膽量的新聞者，如履薄冰般地試探著一點點地變更著新聞的音調和色彩。

我所主持的這檔節目，便是一個試著幫助人們在情感中打開一扇小窗，也許只是一個小孔，使人們在長期的政治火藥氣氛後有一個呼與吸的心靈交往通道。人們給我的節目寫信，問答那些剛剛被放出「禁閉」走向「公眾」的問題，例如：

爲什麼看到異性會臉紅？

爲什麼在公共汽車上碰到那些不屬於同性的肢體會心跳？

爲什麼嘴唇總是比手的感情深？

爲什麼丈夫新婚之夜會發抖？

爲什麼女人當母親後不再全心熱戀她的男人？

爲什麼想愛的得不到，被愛的不想要？

爲什麼婆婆總是丈夫的盾牌？兒媳總是兒子犯傻的選擇？

……等等。

中國的文學家暨思想家魯迅先生曾說過，第一個吃螃蟹的人一定嘗過模樣相似的蜘蛛，只不過後者的味道不佳，而不被認可罷了。

那時，沒人知道我的節目是鮮美的蟹肉還是怪異的蜘蛛。我借用了大量的書本知識和我自己的經歷作爲這些問題的載體，去回答那些越來越多的問號，去尋找那些越來越找不到規範的答案。

越來越多的信件使我確認：我的節目是蟹肉而不是蜘蛛。第一天主持節目的興奮跟激動並沒因爲第一天的結束而消失，我好像在那個感覺的慣性裡「滑行」了很長時間，直到我有了另一個新激動點——一百天後，我第一次獲得「最受聽眾歡迎的節目主持人特等獎」。可說實在的，我已不是那麼興奮了。

爲什麼？我也說不清，好像是那些來自信中的訴說淹沒了我的興奮……開始，我每天大約要收到五十多封聽眾來信，後來這個數字達到了近兩百，以致後來不得不請一些熱情的大學生幫助我處理每天如雪的信件。來信者大多數是女子。以前，我以爲我是生長在中國的女人，我了解中國的女人。可是當我開始拆閱那一封封女人的來信，我才知道在中國的大地上掙扎著那麼多從未被政治、無情、貧窮、無知所埋沒的女人，她們帶著各自的豐盈多情，生活在她們自己那浸透了甜、酸、苦、辣的故事中。

可我從沒有想到我會因此走進中國女人故事的王國，我更沒有想到那麼多的女人會在我的面前走出「沈默」，向我打開她們的心靈之門。

□

「牽」著我眞正走進女人故事的，是一封求救的信。

那是在我開始主持節目大約四個月時，好像是冬末初春時節。

一個「倒春寒」的早晨，我騎著我那「飛鴿」牌的自行車，隨著機動車道邊壯觀的自行車海騎往我工作的電臺。路邊的樹枝上剛剛探頭的春芽在寒風中奮鬥著自己年輕的生命，我曾多次感慨它們的堅強，因爲你幾乎看不到一片被春寒凍死的嫩葉。匆匆趕路的人們帶著他們對季節的感受，穿著春夏秋冬都可看見的服飾。那些在速度跟春風中飄舞著的女人們的絲巾，像一雙雙頑皮的童手玩弄著那些氣圈兒。

我的眼前浮現出我那只有一歲多的小兒子——盼盼的小手。

不知爲什麼，自從做了母親後，我發現自己很多細小的思維似乎都被那個來到這個世上只有三公斤半重的小男孩兒改變了：兒子的微笑、小手小腳，甚至是小屁股蛋兒都令你朝思暮想，就像此時，連我騎車上班都無法把盼盼同那路邊的嫩芽和人們呼吸的氣圈分開，好像我的小兒子無處不在似的。這種浪漫的想像，幫助我這個單身母親走過了許許多多的孤獨和長長短短的路程。

我所工作的電臺「大院」（編按：工作大樓群和院子）座落在南京城的中心，全副武裝的雙崗衛兵顯示了這個地方的絕對重要性。可一般人不知道，在節目製作區跟播出區還有兩道荷槍實彈的崗哨呢，那可是一個只認證件不認人的地方。據說，曾經有一位新兵值夜時困乏至極，在哨位上睡著了，當前來接崗的戰士喚醒他時，他竟在驚醒的高度緊張中開槍打死了他的戰友。我不知道事後那位士兵的結果是什麼，但從此沒有人再敢貿然打擾那些帶槍的戰士了。

我的辦公室在一座新建築的十六層樓上，整個大樓有二十一層。八〇年代末能在這樣的高樓大廈裡工作，這對在幾家人擁擠於一個一百平方米「小院」（編按：四合院之類的居住區）中長大的中國城市人來說，無疑是一個「特別空間」。那天，我沒搭電梯，爬上了十六樓，正氣喘吁吁，一位同事為我帶上來了當天的信件，大約有百十來封。其中的一封十分起眼：信封是用一張舊書皮糊製的，上面粘著一根雞毛。在中國的老習慣中，這是一個急救信號。

一位大學生立刻打開了這封信，從幼嫩的手跡可以看出寫信的是一位中小學生。

敬愛的欣然，您好！

我是您的忠實聽眾，其實我們村的人都喜歡聽你的節目。今天給你寫信不是談您的節目怎麼好，我是想告訴你一個秘密，其實，我們全村人都知道這事兒。我們村上有個六十多歲的殘疾老頭，最近從外地買回來一個年輕的小姑娘做老婆，她看上去年齡很小，我想一定是拐來的。這是我們這一帶常常有的事情，可不少女人後來都跑掉了。那老頭怕她也逃跑，就用一根很粗很重的鐵鏈子拴住她的腰，她的腰因此已被磨破，血都滲出衣服了，我覺得那個女孩子會被折磨死的。

欣然，請你救救那個女孩子。但是，你可千萬別在廣播中提這事兒，要是村上的人聽到了，他們會趕走我們全家的。

祝你的節目越辦越好。

你的忠實聽眾　張小拴

我當即將這事兒彙報給當班主任，他的反應比我老練多了，甚至有點麻木。在我激動的要求下，他建議我跟當地的公安局聯繫以求得幫助。電話撥通後，接聽的員警卻以我至今都無法忘掉的冷酷語氣說：

「別激動，別激動。這種事兒多了，都像你這樣，我們還活不活了!?實話告訴你，這可是個救不過來的事兒，我這兒有成遝的資訊，人手經費都有限呀。另外，我勸你別攪這種事兒，那些村民是天不怕地不怕的，就是我們開著警車去，他們也敢燒車打人，他們膽大的理由是誰也不能讓他們『絕了後』!」

「我不管這些，請告訴我，你到底管不管這個小姑娘？我要給我的聽眾一個交待。」我知道員警怕什麼。

「我沒說不管呀，可是……」

「可是什麼？」

「你別急麼，做事得一步步來。」他的語氣像在公園散步。

「人可不是等著一步步去死的。」我恨不得揪住他的衣領。

「哈，哈。難怪人家說，幹公安的得會救火，幹新聞的得會降火。唉，你叫什麼來著？」

「欣——然——」我咬著牙根。

「對，對。欣然，眞不錯的名字。好，欣然，我幫你！你來吧。」他儼然一個拔刀相助的大俠而不是一個以救人爲己任的員警。

我坐在他的辦公室裡時，我發現他是一個標準的中國警官：健壯，機智，冷峻，還有那永遠也分不清是警還是匪的神情。

他告訴我，要想眞正救出那位小姑娘，得找當地的鄉政府，他說農村是「天高皇帝遠」的失控區，什麼法律規矩在那兒都是白搭。那些農民怕的是控制他們農藥化肥跟種子農機的人。他說的是眞的，最後幫助我們救出那個小姑娘的不是員警，而是那個鄉的農機站長，他告訴那些村民，要是不放了那個小姑娘，他就卡掉那個村的化肥供應。化肥可是那些農民不能缺少的東西。

第三天，那位警官帶著兩位員警還有我跟一位記者，開著警車，在那個老頭兒哭天喊地的叫嚷中接走了那個只有十二歲的女孩子，那位農機站長在村口像交通警察似的爲我們驅走那些氣憤的村民，我聽見他們在詛咒我們這些人不得好死。我沒敢查詢那個中學生，也不能面謝他的善良，因爲警官說要是村民們知道了他是誰，會整死他的家人的，太可怕了。

這也是我第一次知道農民的力量，怪不得毛澤東依靠那些飯都吃不飽的農民打敗了擁有精良英美武器裝備的蔣介石。

我們電臺派人跟員警一起，千里迢迢，把小姑娘送回了西寧她父母身邊，她的雙親已借了近萬元債以尋找他們的獨生女兒。

事後我並沒因此而受獎勵或是稱讚，反而落下很多埋怨：爲一個小丫頭，這樣興師動眾花了電臺那麼多錢，眞眞是勞命傷財不划算。

我聽了這些抱怨，很震驚：面對在如此危境中的一個小女孩子，人們能表現出那般的無動於衷；而搭救一個女孩子的性命卻被看成「勞命傷財不划算」。那麼，女人在他們眼裡是什麼呢？

我開始尋找這個答案，我想知道中國的女人們是在什麼樣的人文環境中生存的。然而，要尋求到這個答案卻不是件容易的事。特別是在那尚未打開人文心胸的、懵懵懂懂的中國。

□

第一個知道我這個想法的編輯老陳，搖著他那脫髮脫得分不清後腦勺還是臉的頭：「幼稚！」

我聽了心中一震：中國人說，脫髮是智者的標誌。難道我錯了？

難道我錯了？難道我不應該去救那個女孩子？爲什麼想了解中國的女人是幼稚？

接下去的一段時間，這些問號一直在我的腦子裡轉。說眞的，當時的我簡直無法理解。有一次我與一位大學教授談起這事兒，他沒直接回答我的問題，他問我：「欣然，你見過在食品廠裡蛋糕是怎麼製作的嗎？」

「沒有。」

「我見過，所以我從來不吃蛋糕。」他建議我找個時間，起個大早到食品廠去看蛋糕的製作。

我是個急性子，第二天凌晨五點，我就趕到了一個規模不大但是名聲不錯的食品廠。

在中國，記者有無冕之王的稱號跟地位，特別是一些資深記者，他們既有進入特別機構採訪的機會，也有「攔路」搶新聞的權利。當然，「帝王」們隨時被革職被關押的危險也無所不在。所以我們可以不需預約而「突然襲擊」地明察暗訪被採訪的對象。熱情的值班廠長不知我的來意，只是很爲我的敬業精神所感動，他說他從未見過有記者這麼早跑來採訪。

那時，天還不太大亮，昏暗的燈光下第一道工序的七八個女工圍著一口大缸，一邊打著呵欠，一邊往缸裡磕著一個個雞蛋，同時還吸呼啦啦的凊著嗓子裡的痰。不時發出的吐痰聲，使我腳下很爲難；一位女工的臉上還塗抹著一層蛋黃，我不知道她是在用雞蛋美容還是順手擦她的鼻涕。兩位男工在做第二道工序，他們把前一天預先和好的稀麵糊加上一些香精色素，再把那些已被攪拌的雞蛋也加入其中，然後一起倒入一個很大的容器攪拌。第三道工序只有一個女工在監護著一條走動的傳送帶，傳送帶上一個個小蛋糕模具，裝滿了那種混合體之後便被送進一個烤爐；烤爐的另一端便是成型的蛋糕了，這不是最後的工序。最後的一道工序是十幾位女工打包裝箱，從她們嘴角殘留的蛋糕屑上我知道，她們已不必用早餐了。

離開這個食品廠時，我理解了一位報社同行的「明」言：世上最髒的不是廁所跟陰溝，而是食品廠和餐廳。我想我是不會再想吃這類蛋糕了。可我還是搞不懂這跟我的女性問題有什麼關係。

電話裡那位教授對我的遲鈍很不滿：「難道你沒看到那些鬆軟漂亮的蛋糕來自什麼樣的過程？你能解釋得清你所看到的事，是不合情、不合理，還是不合法呢？有多少人可以聽到你的解釋？又有多少人會因爲你的解釋而不再吃那些蛋糕呢？」

「那跟女人又什麼關係呢？」我常常被那些教授們的深奧搞得莫名其妙。

他非常遺憾我沒能力悟得出他的哲理：

「欣然，想想看，你能眞正看到中國女人生長的空間麼？即使你了解到了她們眞實的情況，你能說得淸她們生存的情、理、法麼？中國女人有自己婚姻選擇權的歷史不過才七、八十年，而且只是一些受過教育的女性，你以爲這個權力帶給她們家庭地位的平等了嗎？會有多少女人能脫掉她們虛榮或自尊的外衣，向你坦露她們生理的甘苦和情感的眞實？……你們那位老編輯的確是位智者。」

第二章　養蒼蠅的小姑娘

「蒼蠅是最厲害的病毒攜帶者。」於醫生的話給我了一個啓發，我決定試一試，我不在乎後果，哪怕是死，都比回家好！我要把那隻大蒼蠅塞進我胳膊的傷口……

我開始的採訪經歷證明了那位教授朋友的話：中國女人不輕易吐露眞實情感。因爲那等於要她們以裸體示人，而對於中國女人來說裸體不是一種藝術欣賞而是一種羞恥。但她們的信件是她們交流的渴望，她們希望我能從她們的字裡行間了解她們的心靈，她們也一定期待更多的人理解她們的女人情。我想我應該從這些信件著手，順藤摸瓜去了解中國的女性。

主意已定，我便向節目部申請開辦一個三十分鐘的女性信箱專欄。可節目的主任說他沒有權力決定，得上報總臺。我很理解他，別看我們臺裡大大小小一堆的官兒，可他們就像一級級傳令兵，自己是沒有決定權的，一切決定都得上面說了才算。我的節目主任說他很支援我的想法，因爲他也很想了解女人究竟想什麼，以便調節他跟他太太的緊張關係。

大約六個星期後，女性信箱專欄節目的申請報告被蓋了四個大紅章，終於批下來了，但是時間被卡掉，只剩十分鐘。就這樣，我已感覺是天上掉餡餅了，要知道那時是不准公開探討性別話題和心理話題的，就是夫妻間枕邊兒的話都會被當作「流氓」的證據而在家庭大戰時威脅對方，或是出示法庭，輕者當眾檢討被羞辱，重者半年牢獄，這絕不是玩笑。

十分鐘的女性信箱專欄節目的影響比我們預料得要大多了：信件的數目與日增多，以至幫我拆閱信件的大學生每天得有六至八人；信中的信息量也逐漸增大：來自於不同時間、地點、階層與職業的故事，爲我揭示了幾乎絕大部分人所不知道的中國女人世界。還有，令我常常心動的是那些用各種各樣材料親手繪製的信封，充滿了女性的詩情畫意。

我的情感越來越深陷入這些故事中……

□

一天下午，我採訪完回到電臺，我的辦公桌上放著一包東西和一張小條子。條子是傳達室的人寫的，說有一位約四十多歲的女人送來了這包東西，並請他轉交給我，她沒有留下姓名、地址就走了。一種說不出的情感迫使我立刻打開了它。

被打開的包裡，有一只用鞋盒子做成的小箱子，蓋面上畫了一隻人物化的小蒼蠅，很漂亮，可是色彩褪得差不多了，看上去有點兒像素描。小蒼蠅的嘴邊有一句話：「春不到花不開，主人不在不能開」，箱子的蓋上還很巧妙地用扣子做了一把小「鎖」，鎖是開著的。

我看見了顯然是新貼上的一個小小紙條：「請欣然打開它」。

小箱子裡塞滿淩亂的而且發黃變色了的紙片，以及一封已開封的厚厚的掛號信，紙片不是整齊劃一的規格和色彩，其中大多是各式各樣的醫院用過的記錄紙張，大大小小的，上面寫滿了字。

那封信上有個郵戳：一九七五年八月二十五日，另又有一個戳是同年的九月十一日；收信人是：嚴雨龍；地址：山東省XX縣XX大隊X生產隊。寄信人的名字是：紅雪；地址：河南省XX信箱XX號轉內科。

這封近二十年前的信封上有一句用紅筆寫的字，那是寫給我的：「欣然：敬請你閱讀每一個字！你的一位忠實聽眾。」

我先讀了那封信：

雨龍姐姐：

你好！你眞的好嗎？對不起這麼晚才給你回信，我沒有什麼理由。只是想寫的太多太多，而我又不知從哪寫起，請你多多原諒！

雖然我已不乞求你能原諒我鑄成的大錯，可我依然想對你説：對不起！

你在來信中問了我兩個問題：「你爲什麼不願看見你的爸爸？」「爲什麼你想起畫一隻蒼蠅，而且把它畫得那麼美？」

雨龍姐姐，説實在的，回答這兩個問題對我來講很痛苦很痛苦。

人世間，哪個女兒不愛自己的父親呢？書上説：父親是家中的大樹，是房子的樑，是妻子兒女們的保護神。可我不愛我的父親，我恨他！

十一歲那年的一月一日早晨起床時，我被自己下身莫明其妙的流血嚇哭了，聞聲而來的媽媽對我説：「紅雪，你長大了！」在此之前從沒有人告訴過我女人的事情，包括媽媽，學校裡也沒有人敢問這種「流氓」的問題。那天，媽媽只簡單指點我幾個來月經時需要注意的事項，並沒有告訴我更多的女人道理。可我那天很激動，我長大了！我興奮地跑到大院操場唱唱跳跳了三個多小時，連吃午飯的時間都忘了。

二月的一天，外邊下著大雪，媽媽去到同事家串門了。從幹校回來的父親對我説：「媽媽説你長大了，來，把衣服脱了讓爸爸看看長大了沒有。」

我不知道他要看什麼，天又很冷，我不想脱衣服。

「快！爸爸幫你，快一點兒。」他一反平日做事的慢性子，動作麻利地脱掉了我所有的衣服！他用手摸遍我的全身，並不停地問：「小乳頭裡邊脹不脹？是不是這個地方流出的血？你的嘴唇想不想親親爸爸？爸爸這樣揉著舒服不舒服？」

我覺得很害羞，我懂事後，除了在澡堂洗澡，從沒有這樣赤裸裸在人前展露過。父親發現我在顫抖，就叫我不要害怕，並告誡我不能告訴媽媽。他說：「你媽本來就不喜歡你（這是眞的，我一直在猜她是後媽），她如果知道我這麼疼愛你，她就更不管你了。」

這是第一次我的「女人經歷」。事後，我感到很噁心。

從此，只要是媽媽不在室內，哪怕是去公用廚房做菜或是上厠所，在家的父親都會把我堵在門後用手摸一陣。我越來越恐懼這種「疼愛」。那時，萬幸的是他一年只回來兩次，大約兩個多月。

後來，父親被「解放」了，從幹校到了另一個省的新學院任教官，而媽媽因爲工作不能馬上跟隨過去，媽媽說她帶我和弟弟太累了，應該讓我父親盡盡責任了。於是，就把我們送到了父親的身邊。我不想去，可嚴厲的母親是從不理會我的。

跟隨父親生活的日子對我來說是掉進了狼窩！

自母親那天早晨離開我們回去的第一個中午，父親藉口小弟弟不喜歡睡午覺而把弟弟關在門外，然後，他趁我熟睡時爬上我的床……

開始幾天，他只是在中午用手摸揉我的身體；後來，只要是屋裡剩我們倆，他就會摟住我，把他的舌頭塞進我的嘴裡，以後，他又用他下身一種硬硬的東西（我不知道那是什麼，人的身上怎麼會有這麼硬的東西）頂住我的下身；再後來，他開始不分晝夜偷上到我的床，還用手扒開玩弄我的下身，以至到用手指插入我的下身！這時，他已不再僞裝說這是「父親的疼愛」了，他威脅我不准對任何人講，講出去我也得被插上稻草遊街批門，因爲，我已是人們說的「破鞋」了。

我迅速發育的身體使他越來越興奮，我卻越來越恐懼我那女性的成熟。我把屋門安上了鎖，可他不惜吵醒睡覺的鄰居也要把門敲開，有時，他騙那些住在周圍的人（我們住在一種集體宿舍一樣的一個個單室內）幫他敲我的門，有時是我那還不懂事的小弟弟幫助他。我聽著敲門聲，常常嚇得不知怎麼辦，蜷縮在床上哆嗦。後來他對鄰居稱：女兒睡得太死，他只能爬窗戶拿東西。因此，他不再在乎我是否鎖門，竟衆目睽睽之下翻窗進入我的房間，以他的獸性凌辱他的親生女兒！

鄰居們說我：「你睡得那麼死，害得你爸爸天天爬窗戶取東西，多可憐！」

我不敢進屋睡覺，不敢一個人在屋內，父親發現我外出的藉口越來越多，就規定我必須按時回家吃飯，然而，我常常沒吃完飯就倒下睡著了：他在我的飯裡放安眠藥！

我很多次想到自殺，可一看到那麼小的弟弟無依無靠的，心裡又不忍棄他而去。我越來越瘦，體重不足四十公斤，終於病倒了！

第一次住院時，值班的護士告訴查房的鍾主任說我的睡眠非常不好，一點兒動靜都會驚顫，不知情的鍾主任說是高燒燒的。然而，我病成那樣，父親仍然跑到醫院趁我打點滴不能動而凌辱我，有一次我在迷迷糊糊中看見他走進我的病房，竟恐懼地大叫不已，他對跑來查看的護士說他女兒的脾氣很大。那次，我只在醫院住了兩個星期，回家後我發現小弟弟的頭破了，他的小外衣都被血染紅了，他說是爸爸打的，弟弟還告訴我，我住院的這段時間裡爸爸的脾氣很壞，動輒就打他。當天夜裡，我那色狼的父親瘋狂地摟住我還十分柔弱的身體，嘀咕說他想死我了！

我的淚水流啊流啊的：這是我的親生父親嗎？他生兒育女就是爲了他的獸性洩欲嗎？生我們幹什麼呵！

住院的經歷教給我一個活下去的方法。對我來說，打針吃藥抽血開刀（我甚至做過剖腹探查的手術）都比生活在父親身邊要安全快樂多得多！於是，我開始一次次地自殘：冬天用水澆濕了身體，然後站到零下十幾度的冰天雪地；秋天夏天我吃一些發黴變質的食物；有一次我絕望地把手伸向一個正落下的大鐵塊而砸斷了自己的左手腕！（要不是下方有一塊軟木，我的手一定不存在了），那次我「爭取」到了六十多個安全的夜晚。我的身體在自殘和藥物的交替折磨中變得瘦弱不堪。

兩年多後，母親調動了工作跟我們一起生活。母親的來到沒有影響父親對我的淫欲，他說母親身上沒有青春氣息，我像他的一個小老婆！

今年二月的一天，父親因爲我沒有買到他所要的東西而抽打我，我悲憤交加，平生第一次大喊：「我是什麼？你想打就打想玩就玩？！」

在一旁參加「教訓」我的母親聽了很奇怪，問我什麼意思，我剛要張口，父親狠狠瞪著我說：「不准瞎說！」我忍無可忍，告訴了媽媽。看得出她非常難過，可不到半天的時間，「理智」的母親對我說的卻是：「爲了全家人，你忍了吧，要不然我們一家人怎麼辦呢？」

我徹底的絕望了！我的媽媽勸我忍受我爸爸——她丈夫的凌辱？天理何在啊！

當天夜裡我病了，體溫高四十度！我又一次被送進醫院直到現在，這次我沒有用任何的方法就倒下了，因爲我的心倒下了！我已不打算回到那個「家」了。

雨龍姐姐，這就是爲什麼我不願看見我的爸爸。他能算我的爸爸嗎？我爲了弟弟也爲了母親（雖然她不愛我），我沈默著。沒有我，他們依舊是個家。

我爲什麼想起畫一隻蒼蠅，而且把它畫得那麼美呢？

因爲，我渴望一個眞正的爸爸媽媽，一個眞正的家；我可以在父母的懷裡撒嬌哭泣，我可以在家中的床上甜美地睡覺；我作惡夢時會有一雙慈祥的大手撫摸著我的頭安慰我。從有記憶開始我從未感受過這些愛，我嚮往，我渴望，可我從來沒有也不會再有，人只有一個爸爸和媽媽！

你知道嗎？是一隻可愛的小蒼蠅讓我感受了一雙愛的手。以後有機會你會看到它的。

雨龍姐姐，我還不知道以後我怎麼辦，也許我會去找你，幫助你做事，我會做很多的事。我不怕吃苦，只要能睡安穩的覺就行。你願意讓我去找你嗎？請你回信告知。

我很想知道現在你怎麼樣生活的？你還練習你的俄語嗎？你的風濕病怎麼樣了？你有藥嗎？冬天又要來了，你可要多保重！希望你給我一個補償的機會，讓我爲你做點兒什麼。我沒有什麼親人，希望能做你的一個妹妹。

祝你：心情愉快，身體健康！

想念你的

紅雪　一九七五年八月二十三日

□

那天，我的節目做得很不好。之後，很多聽眾來信問我是不是病了？我的心在哭泣……

那天晚上，我沒有回家，我給我的朋友打了個電話，請她幫助我的小阿姨照看一下我的兒子。我獨自在辦公室裡一張一張整理那些零星的紙片，那是一本日記，也可以說是一位小姑娘的遺書。

□

二月二十七日　大雪

嘿，今天我很開心！我又一次「如願以償」住進醫院了。

這次沒有受罪，可我已苦極！我不願再想「我是誰」、「我是什麼」了，沒有用，就像我的一切，聰明年輕、心靈手巧沒有用一樣！我不要想，不要了！

現在，我只想睡個長長的覺。

今晚我可以大睡一覺了。希望那些護士醫生能懶一點兒，別那麼勤快地查房巡診。

病房眞暖和，寫東西很舒服。

三月二日　晴

雪化得眞快，昨天早上還是白雪皚皚的，今天就都匆匆跑到地下去了，只剩下一點兒捨不得走的，也都被地上的風沙弄髒了，黃黃的跟病友「大煙鍋」王大媽的手指一樣，不好看。不過，我那曬不到太陽的窗臺上的雪還沒有化，白絨絨的眞漂亮，可不知什麼時候掉落了一隻死蒼蠅在上面，把雪壓出了一個小小的坑。

我眞喜歡下大雪，到處都是白白的，乾乾淨淨的；那些雪面上風掃的花紋、小鳥跳出的小脚印，還有人們無意走成的各式各樣的圖案，眞好看，也眞有意思。昨天，我偷跑出去好幾次，劉醫生和護士長都訓斥我說：「你瘋啦，不想活了！發著高燒還要往外跑!?」（……）

四月十七日　晴（轉風？）

（……）

高護士說要煮些麵條吃，就開火放鍋倒油準備羌蔥花（這可能是北方人做麵的方法）。忽然停電了，病房裡一片漆黑，只有值班室裡的那個揷在急救電源上的電爐映照出一些光亮，於醫生趕忙拿了一個手電筒去查看那些在睡夢中並不知黑白的病號們。高護士繼續做她的麵條，她似乎早已習慣了摸黑兒做事，很快，熱氣裹著蔥香味兒飄散開來，我們的宵夜做好了。善良的高護士知道我愛吃焦了的蔥花，就藉著微弱的電爐光專門爲我挑檢了兩湯勺的焦蔥花讓我解饞，我没等於醫生回來就先吃了一勺。很快來電了於醫生也回來了，我們三個一人一碗開吃，我一邊告訴於醫生高護士怎麼疼我爲我挑出了我喜歡吃的焦蔥花，一邊開始享受第二勺美味。

突然，我還没反應過來是怎麼回事兒，我的那勺美味就被於醫生用手撥翻了，於醫生急得問我：「你吃進去了嗎？」

他用手裡的筷子點著散落在地上的焦蔥花說：「你們看看那是什麼？」

眞眞是「不看不知道，一看嚇一跳」：那「焦蔥花」中，有好幾隻被炸焦了的蒼蠅！（……）到底是醫務人員，她們馬上找到「黃連素」，她們一人兩片，我四片就著葡萄糖水服下去了。（……）

現在，我滿腦子都是那些被我吃進肚的蒼蠅，它們是被我的牙粉身碎骨了呢？還是被我狼吞虎嚥「囫圇吞棗」了呢？……。

四月二十一日　小雨

我決定自己養一隻蒼蠅。

上個星期天我沒有打點滴，於是我自自在在睡了個大午覺，直到我被一種絲絲嗦嗦的感覺「叫醒」，可人醒了渾身上下的肉還沒「醒」呢。我懶懶地不想動，我在想那個還在絲絲嗦嗦的東西是什麼，它在我的腿上忙來忙去，可並沒有打擾我令我害怕，讓我覺得彷彿是一雙小小的手在溫存地撫摸著我，從小到大沒有人使我體驗過這樣的溫存，我很感謝這雙小「手」。我要認識一下這是誰的手，我睜開眼隨著感覺望去：

那竟是一隻蒼蠅！蒼蠅？那太可怕了！它們一身糞便細菌……

可我原來不知道，蒼蠅的小毛爪能使我的皮膚那麼舒服。

一連好幾天了，我都在等待那雙「小手」，它沒有再來，我渴望被撫摸，可蒼蠅眞的也是太髒了。怎麼辦呢？

今天上午，我拍X光片做檢查時，突然想起參觀醫院標本室時醫生們養的那些用於藥物試驗的小動物。咦，我可以養一隻乾淨的蒼蠅嘛！對，我可以用我的蚊帳養一隻小蒼蠅。

四月二十五日　陰

唉，找小蒼蠅眞難！滿世界都是那些「嗡嗡」亂飛亂叫的大蒼蠅，髒兮兮的出出進進那些最髒最臭的地方，我可不敢招惹它們。我很想問問鍾主任，他生物知識豐富，一定知道在哪能找到一隻小蒼蠅。可我不敢，他該認爲我是神經有毛病了。

我趴在窗臺上想啊找啊的好幾天了，可一個小蒼蠅的影子都沒有！

明天，我得去總院做那個「腰穿」檢查，七個小時不能動，回來還要繼續打點滴，看來明後兩天是沒有時間找小蒼蠅了。

五月八日　晴

累死我了，累死我了！

大前天中午，我終於在食堂後邊的小樹林裡一棵小蘋果樹上捕到了這隻小蒼蠅，它可眞小。當時它被一個蜘蛛網粘住了，正在掙扎呢，我用一個口罩改做的紗補袋，連小蒼蠅跟蜘蛛網一起罩住帶了回來。路過治療室的時候，張護士問我抓到了什麼，我順口說是蝴蝶，就趕緊回到病房鑽進蚊帳。一進蚊帳，我就慢慢打開紗布袋，意外地發現蜘蛛網被紗布的毛纖維粘散了，小蒼蠅可以自由地動了！我想，它被粘住了不知道多長時間，一定很餓很累了。於是，我就跑到值班室偷了一小塊紗布，又在紗布上倒了一點兒剩在瓶內的5０％高濃度的葡萄糖，然後又跑到廚房，悄悄從剩菜鍋裡拿了一片肉，人們不都說「蒼蠅愛叮臭肉」嗎？可我的小蒼蠅應該吃不臭的肉！回到蚊帳裡，小蒼蠅還在原處幾乎不動，只是小翅膀無力地但一定是很用勁兒地搧著，看來它眞的是又餓又累的。我把肉放在糖紗布上，輕輕擺在小蒼蠅的旁邊，這時我聽見治療車的聲音，我想一定是到下午治療的時間了，我得找個東西把小蒼蠅遮蓋起來，不能讓別人看見。好在我平常喜歡收集小盒子，所以很方便地找到一個帶玻璃紙窗的盒子，並且把它扣在小蒼蠅所在的紗布「窩」上。我剛剛忙完，張護士就推著治療車進來了！（……）

五月十一日　晴

這幾天中午我不必打點滴，鍾主任說觀察幾天再進行新的療程。我不在乎他們怎麼

「修理」我，我只要能留在醫院裡不回家就行。

我的小蒼蠅眞有意思！

我現在已經爲它建了一個又安全又可以活動的「房子」：一個帶有紗布袋的紗罩，那是餐廳用來罩飯菜防蠅的。我跟司務長説我每天得打點滴，沒法按時吃飯，能不能借用一個紗罩罩住護士們在開飯時爲我打好的飯菜，以免蚊蟲叮爬。司務長本來就是大好人，他一口答應，並且又專門爲我在那個紗罩上縫製了一個紗布的袋子，説是裝乾淨的空碗用。這樣，我的小蒼蠅不僅有「一座」特製的「房子」，而且最重要的是它在這個房子裡很安全，沒有人會想到防蠅罩裡養著一隻蒼蠅。（……）

這樣，我又可以安心睡覺了。

對了，今天中午陽光特別好，我把小蒼蠅連同它的「房子」一起放在床頭，我向王大媽借了她的放大鏡，我想看看它怎麼樣吃糖。

哇——放大鏡下的小蒼蠅像個小老頭！渾身上下毛茸茸的，嚇得我趕忙放下放大鏡，我寧願看不清楚，也不願看到它那麼難看的樣子。用眼睛直接看到的小蒼蠅還是滿可愛的：它的身體很小很小，説不上是灰是褐還是黑的（也許就是花的）；它小小的翅膀在陽光下一閃一閃的，就像兩粒燈光中的小寶石；它的一對對小爪那樣的纖細，讓我想起跳芭蕾舞的女人腿（有的女孩子的腿形還不如它呢）；它的眼睛像兩顆小玻璃球，我一直沒能找到它的眼珠，它似乎從不看東西似的，我不知道。

它在糖紗布上的樣子很好玩兒：它的兩個小前爪總是忙個不停，一會兒向前探探；一會兒向後甩甩；一會兒又像人洗手一樣相互搓啊揉啊的。

六月十一日　？

我剛剛止住痛哭！沒有人知道我哭的原因，醫生護士以及病友們都以爲我害怕死才哭的。其實呢，我不怕死（……）我是爲我心愛的小蒼而痛哭的，它死了！

前天晚上，我只寫了幾行日記就難受得堅持不住了，我去上了個厠所，回來準備睡覺，我剛剛要上病床就發現：一雙巨大的魔鬼的眼睛在我的床頭板上瞪著我！我嚇得大叫了一聲，就什麼也記不清了。

劉醫生說，我昏昏迷迷了一天半，據說我還蒼蠅、魔鬼、眼睛地嘟囔不停。王大媽告訴所有的病友說我「中邪」，護士長叫她不要瞎講。原來，張護士爲了讓我高興，用了幾個小時的時間捕了一隻大花蝴蝶，並把蝴蝶釘在我的床頭板上，指望給我一個驚喜，他沒想到我竟被那隻蝴蝶嚇壞了。

（……）我迷糊了一天半，沒有能照看我的小蒼蠅，又有人不知什麼時候把紗罩翻過來當容器用，上面放著的東西把藏在紗布袋裡的小蒼蠅壓死了。等我好不容易翻找到它時，它那小小的身體已經乾了！可憐的小蒼蠅，還沒長大就死了！

我把小蒼蠅輕輕放進了一隻我收藏很久的火柴盒裡。我從被子裡抽了一點白白的棉花鋪蓋在火柴盒內，我想使小蒼蠅「睡」得舒服一些。

明天，我要去醫院後面山坡上的小樹林裡爲小蒼蠅建個墓，那是一個極少有人去的地方，很安靜。

六月十二日　　陰轉多雲

（……）

晚飯時間我才打完點滴，我沒有胃口吃飯，我想趁著天色還亮去安葬小蒼蠅。

我用我最喜歡的手絹包好那個小火柴盒，繞過值班室，悄悄走出醫院，來到後山坡上那片小樹林。我選了一個在山下也能看見的大石頭旁邊的一塊地方，打算在這裡建小蒼蠅的墓，我要把這塊大石頭作爲墓碑。這樣我在醫院的後門就可以看見小蒼蠅的墓碑。

（……）

突然，我聽到了一陣陣急促的喘息聲，其中還夾雜著一種奇怪的叫喊。我不由自主走向那個發出聲音的地方。我發現有兩個人在小樹林裡的一塊草地上翻滾著，我看不清楚，好像是在搏鬥，其中一個還是個女的，他們打鬥的（？）很激烈，那氣喘聲聽上去如同人臨死前的掙扎。

我嚇得渾身直抖，不能呼吸！我不知道該怎麼辦。（……）我趕忙去拿我的小蒼蠅，我不能丟下它不管，然後，盡我最大的努力跑回醫院，不長的路上我想了很多：是不是那個男的想殺人滅口？是不是那個男人把女人騙上山想欺負她？是不是那個男人在強姦那個女的？我用我知道的小說裡的情節想了許多……

跑下後山坡，我看見的第一個人是護士長，她正在醫院門口找我，我累得喘得說不出話，用手使勁指著後山坡。緊接著，剛剛下班離開醫院的鍾主任也出來了，他們扶住快要倒下的我說：「出什麼事了？」

「出—出—大—大—事—了，有—有人要死了！」我不知道用什麼句子能說得明白。

「快，快通知當班護士跟我上後山！」鍾主任一邊命令著護士長，一邊跑向後山。

「快給她輸氧！」護士長把我交待給聞聲而來的護士，她自己就跑到醫院找人去了。

我太累了，吸氧的時候竟睡著了。

醒來以後，我先把小蒼蠅收藏好，然後，我就去值班室，我想知道後山坡上的那個女人救下來沒有，她怎麼樣了。但是，很奇怪，值班的高護士什麼也不告訴我，只是拍著我的頭說：「你呀，你呀。」

（……）

六月十三日　晴

（……）

今天，我聽見醫院來了很多人，很長時間以後他們才走。他們是誰？來幹什麼？不可能是慰問病號的人，又不逢年過節又不是院慶日的，再說他們也沒轉到我們這兒；那是來會診的專家？不會！不會那麼多人；是衛生大檢查嗎？也不可能，照理說要是衛生大檢查，醫院早就要發動大家打掃衛生清理物品了，而且通常都要在此之前，醫院自己起碼要先搞兩三次大小檢查的，可近來根本沒有任何風聲。

我在床上猜了很多答案，但好像都不對。到底爲什麼，明天問問護士長就知道了。

不過，我今天可給小蒼蠅找到了一個安全的地方：下午軍燕兒來看我的時候，給了我一塊酒心巧克力，我很喜歡吃這種糖，而且喜歡先用針在巧克力上扎兩個小孔，然後把裡面的酒吸出來（如果只有一個孔是吸不出來的）。今天在我吸巧克力內的酒時，我突發奇想：我可以把小蒼蠅放在空了心的巧克力裡面，然後再把它放到值班室的大冰箱裡面，護士長說過，如果我有留存的食品可以放那兒。所以，我就這樣讓我的小蒼蠅睡在了它也一定愛吃的巧克力裡面了，而且我還可以時常看看它。

六月二十三日　熱風天？

雨龍明天就要出院了，我眞捨不得她走。當然，當然，出院對她來説是好事。不過，雨龍是醫院的「常客」，她的風濕病很難根治，每年的秋冬春季她都得「光顧」幾次醫院，高護士常説的一句話中有一個就是説雨龍的：「可惜了的，那麼聰明漂亮的女孩子得了這麼個煩人的病！」

雨龍待我很好，就像個可親的姐姐，只要我能出室外活動，只要她在醫院（病房裡的病人是不能串病房聊天的，怕相互傳染，影響治療），她都會陪我打排球、羽毛球，下圍棋什麼的，而決不讓我一個孤獨的在院子裡，有時，她有好吃的好玩的也會分給我一部分。

我喜歡雨龍還有一個原因是她眞的很漂亮。很久以前我就聽人説，你跟什麼長相的人玩，你就會長得越來越像她。我要有雨龍的一半漂亮也就行啦。不是只我一個人喜歡雨龍，好像大家都喜歡她，她要有事誰都願意幫忙，她總是能得到別人得不到的好處。比方説：她能一星期兩次換被單，一般人只能一次；她能有人説話聊天啦，那些男護士總是有理由去她的病房逗留一會兒，而我們總是被告知：「有事拉鈴，護士們太忙！」就連吃飯，雨龍碗裡的好吃的都一定比別人的多！

我很羨慕她，難怪王大媽説：「一張漂亮的臉就是錢和財。」可王大媽不喜歡雨龍，她說雨龍像狐狸精。

明天，雨龍出院，我送她什麼呢？

六月二十四日　悶熱

雨龍走了，我因爲在打點滴沒能送她。臨走前她被准許到我的病房跟我告別，她輕輕撫摸著我那兩雙被扎滿針眼兒的手，用愛憐的口氣告訴我，不要貪涼用冷水洗手，應該用熱水多浸泡使血管儘快恢復；她還送了我一雙專門爲我織的手套，她說本打算入冬時再給我的，可她改變主意提前送我了，她還說以後我就知道原因了。她打量了一下我那被治療的物品堆滿的病房，誇我把自己的小世界收拾得滿乾淨的，她還建議我把曾發表的文章剪貼裝訂起來，爲將來寫大文章做準備。

我送給雨龍一張我自己畫的畫，那是一隻美麗的小蒼蠅，我還用舊膠片和玻璃紙以及硬紙片爲它做了一個鏡框。雨龍說，她從來沒有看見過被畫得如此漂亮的蒼蠅，她也稱讚我做的鏡框很別致。

我用祝她心身愉快的話送她離去，可老實說，我當時心裡想的是盼望她早點兒再回醫院跟我玩。

七月十六日　雨

我萬萬没想到是我毀了雨龍。

今天我收到了一封信，是雨龍從她的家鄉寄來的。

紅雪：

你好嗎？還是每天打點滴嗎？你的家人不能關照你，你一定要學會照料自己，好在醫院的醫護人員還有病友們都很疼愛你，希望你早日回到你應該擁有的家和朋友中去。

我被開除出軍事學院了！而且是被押送回原籍的，鄉親們説我是糟蹋了他們的感情。

我没告訴過你：我是孤兒，父母在生下我後就相繼去世，一個因病而故，一個據説是饑餓而亡。是村裡的鄉親們可憐我，輪流收養了我，我吃著百家飯活下來，穿著百家衣長大的。我們是老根據地（編按：此指共產黨發展武裝實力的地方），很窮很窮，鄉親們爲了我，苦著他們自己的孩子，送我去讀書，我是我們村裡唯一上過學的女孩子。四年前，軍院到我們那一帶招工農學生，大隊支書（編按：大隊的共產黨黨支部書記）帶著我連夜趕到區武裝部，懇求部隊的領導接收我，他説這是全村貧下中農的心願，區武裝部的人也告訴部隊同志我的身世，這樣我被特批參加體檢，後來，就來到了這個軍事學院。

我學的專業是俄語和軍事通訊，我的同學幾乎都來自農村。因爲我們被錄取的主要條件是政治背景，所以我們的文化程度參差不齊，最好的不過初中畢業，可最差的只有小學三、四年級的水平。我是班裡的佼佼者，因爲我讀過一年的高中，另外好像我也有語言天賦，因爲我的俄語成績一直很好。系裡的教官都說我是外交官的料，還說至少當翻譯沒有問題。我自己也很努力，我從未因爲童年時落下的風濕病而停止學習，我要用我成功的事業報答養育我的鄉親們。

紅雪，你知道嗎？一年以前我再也無法迴避我長大了的事實，我越來越痛苦自己是一個長熟了的女人。可能你現在還不懂，再過幾年，你就能明白我這句話的含義了。

小妹妹，我就是在醫院後山坡上你想「救」的那個女人！

我不是在受傷害，而是跟我的男朋友在一起……

鍾主任他們把我們送交到了軍紀處，我的男朋友被關押聽審，我因需要治療被送回醫院軟禁。當天夜裡，我那自尊心極強的男友就自殺了！第二天，軍紀處、公安局可能還有別的什麼部門的人來醫院查案，他們說我爲我的男朋友提供了「自絕於黨自絕於人民」的「作案」工具——一塊我親手縫繡的手絹（他們說自殺是犯罪行爲）。我無法抑制如此巨大的悲痛，也不能被他們教育成承認是讓我的男友強姦了，我告訴他們：「我生是他的情人，死是他的情鬼！」

我愛的代價是：我又回到了這個貧困的農村當農民，而這裡的鄉親們已不再疼愛我，我不知道這是否還有我生存的空間。

我的男朋友是個很好的人，我很愛他。

我寫這封信給你絕不是怨恨你，我知道你還小，你是好心想救人。我也深知那句話「人言可畏」，你知道嗎？我不想讓你從別人那兒知道這件事的「解說」，我不想在你的心裡有一個醜陋的雨龍。相信我，我說的都是眞的。

答應我，你不會因此而不快樂。否則，我的代價就更大了。

最後，小妹妹，你是否願意告訴雨龍姐姐：

你爲什麼不願看見你的爸爸？

爲什麼你想起畫一隻蒼蠅而且把它畫得那麼美？

祝你早日恢復健康！

想念你的

雨龍於燭光下　一九七五年六月三十日晚

我想這封在路上走了十幾天的信在我的心中會走很久很久的。

現在，我知道了……我知道了高護士爲什麼對我說「你呀你」的，她是在爲我的幼稚無知而歎息；我也知道了爲什麼這些天來很多人不理睬我的原因，大家都知道了雨龍悲慘的結局，而我是使她遭受如此不幸的罪魁禍首！

雨龍，我對不起你！我也對不起喜愛雨龍的人們，包括我自己！

誰能原諒我？

七月三十日　下暴雨前的悶熱

這些天，我很少走出我的病房，我不想看見任何人。我的腦海裡一個字一個字地印刻著雨龍的那封信，有時，那字裡行間冒著金星打著火花；有時，那封信又像一雙掙扎求救的手抓揪著我的心；有時，那信又如鋪蓋在後山坡上，上面躺著一絲不掛的雨龍；有時，那信尾的兩個問題伴著雷鳴聲調怪異地響在我的耳畔：

你爲什麼不願看見你的爸爸？

爲什麼你想起畫一隻蒼蠅而且把它畫得那麼美？

多少年了，我一直以我所能夠的各種方式和代價來迴避這個問題，可我不能不回答雨龍。

要回答雨龍，我就得走回記憶的深處，那是一個地獄。可雨龍因爲我而回到了她的地獄。所以我只能，而且必須去了。

小蒼蠅還是靜靜地睡在那塊酒心巧克力裡邊，它已經沒有煩惱了。

今天我看著它時，心裡很羨慕它。

八月九日　高溫

持續近半個月的高溫悶熱了，上天不知在醞釀什麼的情感，讓人間等待得這樣大汗淋淋的。

我乞求老天爺儘快地下雨，我不是爲了降溫解暑，我是想看雨龍！雨龍，雨龍，那應該是灑雨的龍。（……）

八月十八日　涼爽

（……）

昨天，鍾主任查房時警告我，說我的血液分析結果出來了，雖然沒有什麼嚴重的血液病，但因反覆高燒和藥物的副作用，我的血液中多項參數不正常，若不注意休息配合治療，很有可能轉成敗血症，高護士嚇唬我說會死人的。他們特別指出，我不可以每天打了十個小時的點滴之後，再趴在小桌上寫呀寫的幾個小時不休息不活動。張護士還以爲我又在給《解放軍報》或《中國青年》寫稿呢，他使勁兒問我這次寫的是什麼標題，張護士數得上是我所發表文章的最熱心的讀者了。

我是在給雨龍寫信。

八月二十四日　晴

今天，我給雨龍寄了一封掛號信，信超重了很多，所以用了我整整一份稿費才買足郵票。貴嗎？不貴，我把自己寫進去寄給雨龍了。

我曾幻想自己的痛苦能被一個什麼樣的東西或是某一件事所清理掉，可我能清理自己的生命嗎？我能清理我的過去跟未來嗎？

我常常端詳鏡子裡自己那張臉：年輕使它光滑無瑕，但我相信因爲是女人而有的痛苦經歷已把它刻出了傷痕；這張臉上時常有兩條小愁紋不顧美麗的虛榮緊緊相互擁抱著，因爲它們深知我那日夜的恐懼；一雙大眼没有如花似玉年齡中的水靈，凝視它們，可以看見那瞳仁深處有一顆掙扎的心；微微上翹的小鼻子，因不堪那獸性的氣息而極力向上天乞求自由的呼吸；可憐的嘴唇，被凌辱永遠奪去了它對情感的嚮往，只留下蒼白以及時而被恨咬出的齒痕；疲憊無力的一對耳朵，爲了減少我受傷害的次數，總是夜不能「寐」地提防著，柔弱得以至於「撐」不住眼鏡；原本應透著青春秀美光亮的黑髮，被提心掉膽折磨得黯然失色。

這是一張十七歲少女的臉嗎？

我不知道女人到底是什麼？男人應該不應該屬於女人的同類動物？爲什麼他們之間有那麼大的不同？沒有人告訴我。

對我來說，電影和書上把女人說得再美好，我也無法相信那是眞的，我不曾也永不會有那些感受的……

爲什麼，這隻下午跑進來的大蒼蠅總是落在我剛畫的那張畫上，莫非，它認識那畫上的小蒼蠅？它是小蒼蠅的媽媽？我趕它，它也不怕，我反而害怕了，要是它眞的是小蒼蠅的媽媽怎麼辦？

這可不是弄著玩的，我得——

八月二十五日　晴

昨天沒有寫完就到熄燈時間了。

今天，那隻大蒼蠅還在我的病房裡。它似乎非常聰明，每當有人來它就不知道躲到哪兒去了，可人一走，它要麼又飛落在畫上要麼就繞著我飛舞，我不知道它想幹什麼。可我有個感覺：它不想離開我。

下午，鍾主任說，如果我的病情穩定，說明現在的治療方案有效，那我就可以出院回家服藥調養。護士長說入秋以來床位不足，慢性病號都得出院。

回家？太可怕了！我得想個辦法留下。

八月二十六日　陰

我一夜幾乎沒睡，想了許多辦法，好像都不是有可能的，怎麼辦呢？去傳染個病也許是最快的，可傳染區那邊你根本進不去的。

今天，我滿腦都是在想怎麼樣留下來，連餐廳的臺階都忘了，一脚踩空摔了下來，大腿也磕青了，右胳膊還被劃了一個大口子。眞是人要倒楣喝口涼水都塞牙！醫生接班時交待護士爲我的胳膊多換一次藥，她說我體質弱，很容易感染上敗血症，並叮囑護士換藥時小心蒼蠅，她說那是最厲害的病毒攜帶者。

晚上，值班護士說我的病房有蒼蠅，要給我的房間噴藥。我不想殺那隻蒼蠅，就告訴他，我對那些滅蠅的藥過敏，他說那算了明天幫我打。我不知道那隻大蒼蠅藏在哪兒，我準備把紗窗打開睡覺，好讓那隻大蒼蠅逃走，不知道我這樣做能不能救它。

八月二十七日　小雨

我沒有能救下那隻大蒼蠅。早晨六點四十分於醫生來查房，把它打死在那張畫上了，我藉口要保留那張畫，沒有讓醫生清理它的屍體。我把它和小蒼蠅放到一起了，不知怎的我總覺得它們有什麼特殊的關係。

我胳膊上的傷口好像有點兒感染了，腫了一個大紅包，寫東西很不舒服。可我告訴換藥的實習護士沒事了，開始發癢結痂不必換藥，那個新來的小護士居然相信了！我那大號的長袖病號服把整個胳膊遮得很嚴。

我希望這是一個有效的方法。

「蒼蠅是最厲害的病毒攜帶者。」於醫生的話給我了一個啓發，我決定試一試，我不在乎後果，哪怕是死，都比回家好！！

我要把那隻大蒼蠅塞進我胳膊的傷口……

八月三十日　晴

我成功了！這兩天我的體溫越來越高了，人很難受，可心裡很高興。鍾主任很奇怪這個惡化，他又爲我做全套血液檢查了。

可是，這幾天我沒有看我心愛的小蒼蠅，人好像被抽了筋骨。

對不起，小蒼蠅。

九月七日

昨天夜裡我被送到總院來了。

我很乏很困，我很想我的小蒼蠅，很想。

也不知道雨龍給我回信了嗎……

□

當太陽開始在東方伸展它的光芒，並打開人們勞作的聲響時，我讀完了這些日記。這位叫紅雪的小姑娘死了，死於敗血症。這是那只盒子中的一張死亡證明書告訴我的，時間是一九七五年九月十一日。

□

雨龍在哪里？她知道小紅雪已不在人世了嗎？

那個送來東西的四十多歲女人，是誰？

那獲悉女兒自殺（我這樣認爲）的父親，還能坦然苟活嗎？

那位把女兒當作犧牲品的母親，是否有女人或母親天性的發現呢？

我不知道。我不知道那成千上萬的睡夢中，是否還有女孩子不堪家庭性攻擊的淚花。

很多人不能理解，在幾十年中在中國的性教育爲零這一事實，而很多的中國人自己也視性教育爲邪惡，談性色變，所有的文化藝術作品中凡有性描述、性象徵的，均是「洪水猛獸」，遭到封殺。

我就曾拒絕在營火晚會上與我的男教官握手，我的理由是害怕生孩子！爲什麼？因爲我看過一本小說上寫著：「月光下他們拉起了手。第二年春天，他們有了一個胖兒子。」

我以爲，月光下女人同男人拉手就會生孩子。那時我二十二歲。

在中國已經走過的幾十年中，這種可笑又可悲的故事很多很多。

第三章 新潮女大學生

別以爲我們是窮學生，告訴你，許多女大學生從來不要父母一分錢也能過得闊闊綽綽的，她們中許多人剛入學的時候連學生食堂的一個葷菜都吃不起，可現在身上穿得起羊絨戴得起珠寶，出門就「打的」，入夜有包房，一日兩餐有人請。

紅雪的日記深深震撼了我。我彷彿感受到了她眼裡那無救、無助、無望的目光，這目光一直盯著我，充滿了等待。等待什麼呢？幾天後發生的一件事告訴我，這個眼神是在等待我去了解更多中國女人的故事。

□

那天上午大約十點左右，我剛剛騎車到電臺門口，一位剛下早班的同事攔住了我，她說一對老夫妻悲痛哭嚎著到電臺來找我算賬呢。

我嚇了一大跳：「爲了什麼？」

「我說不清，好像他們講你是兇手。」

「兇手？！什麼意思？」

「我不知道，我看你最好還是避一避，那些聽眾，有的鬧騰起來是沒有道理可跟他們講的。」她呵欠連天：「呵—呵—，對不起，我得回家睡覺了。再見！」

我弄不清怎麼回事。我沒見到那兩位老人，電臺外聯處的工作人員接待了他們。

一直到晚上九點多我才收到來自外聯部轉來的一封信，送信的人說，那是那對老夫妻獨生女兒自殺前的絕命書。當時我沒敢打開那封信，我害怕，我害怕信中的淚水會把我沖入又一個悲痛，使我無法完成我當天節目的主持。

那天，我離開直播室時已是淩晨一點半多了。我倒在家中的床上才敢看那封絕命書，我太累了。信不長，但可以看出有很多的淚痕，那放棄自己最美好生命，且只有十九歲的女孩子在遺書中問我：

欣然：

你爲什麼不給我回信？你知道嗎，你的信是我生與死的抉擇。

我愛他，可我没做任何越軌的行爲，他甚至從没摸過我的身體。就因爲他親我的額頭時被鄰居看見了，於是我被説成是一個壞女人，就連我的父母也因此而在人前抬不起頭。

我很愛我的父母，我從小就盼著長大後讓他們不會因爲我是個女孩而自卑，而會因爲我是個聰明漂亮的女兒而自豪，可現在我讓他們覺得那麼失望和丢人，可我不知道我究竟做錯了什麼？難道愛是傷風敗俗的不道德行爲？

我給你寫了信，想請你告訴我，我該怎麼辦。我還想著你能幫助我向我的父母解釋一下，可是，連你也不願理睬我……

我是一個没人在意的女孩子，我還有什麼理由活著呢？

永別了，欣然。我也愛你也恨你。

你的死前都在聽你節目的忠實聽友　小玉

□

小玉向我求救的信，是在她寫了信後的三個多星期才到達我的辦公室的，當我打開它時，信中生的希望已化作了死後的記憶。我不知道中國人的路怎麼這麼長，這麼難走。那時我才明白爲什麼小玉的父母説我是兇手。

我思索著小玉信上的問題：愛是不是傷風敗俗的不道德行爲？愛，傷風敗俗，道德，三者之間的關係是什麼？而因爲三者而付出生命償還年輕好奇的中國女孩子，又數得淸嗎？

可答案是什麼呢？我想把這個問題交給我的聽衆。我的主任聽我說想這樣做，大吃一驚：「什麼？！讓你的聽衆討論這種話題？你怎麼引導、控制話題方向？你……」

「引導控制」是中國新聞的原則，但我想做點兒自由記者的嘗試：「主任，現在不是說改革開放了麼？爲什麼咱們不能試一試呢？」

「改革不是革命，開放不是自由。咱是黨的喉舌，那腦袋是不准你亂喊亂叫的。」主任一邊說一邊用他的右手在他的脖子上比劃了一個殺頭的動作。

「不過，我想，也許，可能……大概……」我不知道他要用多少連接詞來「鋪」他的思路。

終於他給了我一個建議：用錄播方式做這個話題節目。

錄播不同於直播的是：在錄音製作間，由專門的錄音編輯幫助你逐字逐句錄下那些被審核的文字稿件，並配好間奏樂或開始、結束曲什麼的。然後他們把整集節目編彙成一盤錄音帶，交給播放編輯審聽，屆時播出。因爲這樣幾經編審，十分安全可靠。而直播則簡單多了：節目主持人在直播間直接用音樂、文字稿件，加上即興主持語一氣呵成。不過，主持人的主持技巧跟即興議論常常讓那些當班主任心驚肉跳。

我很不情願每天花幾倍的時間這樣做節目，可不管怎麼說，我能試著做一檔比較有色彩的女性節目了。

可是第一集節目播出後的反響並不如我所期待的那麼熱烈，而且還有一封批評的信，沒有署名，措辭很尖銳：

以前的廣播，全中國只有兩個聲音，一男一女，一個腔調，口號成串，官腔十足；現在好不容易有點新鮮感覺了，至少有些人情味了，怎麼又變回去了？聽起來話題好像有點說頭兒，可那主持人的風格冷得人縮頭縮腦，誰想把耳朶伸出來聽她「遠遠地念經」？再說，旣是討論話題，爲什麼不讓人家暢所欲言，爲什麼主持人沒膽量與聽衆通話？

我並不打算爲自己找什麼理由，那是錄播編輯的結果，可我很不服氣他說我沒膽量跟聽衆通話。

跟我辦公桌對坐的老陳是一位新聞老行家，看我不服氣就說：「欣然，別不高興。你進電臺的通行證就是膽量，人進來了膽子就被扣押在大門口了，被三道崗守著的人，不是重要人物便一定是膽小鬼了。無論別人說什麼或是你自己想什麼都沒有用。」

「那，你是什麼？」我一向是嘴不饒人的。

「我？兩者兼之，對自己來說，我很重要，對他人來講我很膽小。這年頭很多事情是沒有清楚的界限可言的。你不是在跟人們討論那個話題麼，其實，愛，傷風敗俗，道德，三者於人類哪有什麼界限，只不過是角度不同，文化不同罷了。纏過腳的女人一不留神看見男人背後露出的屁股溝都臉紅心跳，自認爲羞恥不堪；可是那些出入夜總會的女郎在成群的裸體男人面前卻談笑風生。」

「太誇張了吧？」

「誇張？女人的現實世界可比我說得誇張多了！你要是眞想了解你們女人，你得走出去，去看去問去體驗。坐在辦公室和播出間是沒有用的，欣然。」

□

老陳說得對，我得在女人吃喝拉撒睡的現實與喜怒悲歡的情感中培養我的觀點。

我開始利用出差、探親訪友、旅遊等等的機會對女人專訪，與人們探討：愛、傷風敗俗與道德這三者之間關係的問題。但我不能進行公開的專業採訪，那是一個還沒完全開放的時代，沒有人敢在你的話筒和你的筆記本前說眞話。

一天中午，我在一所大學講完我任客座教授的課，急忙往電臺趕。因爲是中午課休時間，校園內熙熙攘攘走滿了大學生，我無可奈何只能推著自行車在人群中移動。突然我聽見幾個學生在議論著似乎跟我有關的話題：

「她說中國女人很傳統，我不同意。中國女人也有歷史跟未來，現在有多少女人很傳統？或者說有多少女人喜歡在傳統裡活著？再說了，什麼是傳統？大襟襖？盤頭？繡花鞋？男人前遮面？還是張藝謀的大棉檔褲？」

「我想，她所說的傳統好像是理念或祖訓什麼的。我沒聽完整昨天的節目，搞不清楚。」

「我從來不聽什麼女人節目，有音樂的我才聽。」

「我聽了，我喜歡聽著她的節目睡覺。她配的音樂總是很好聽，特別適合夜境，還有她的嗓音很有一種清風細語夜話的意境。不過，我不喜歡她的觀點，太女人氣了，總是強調女人要溫柔，難道男人就該野蠻嗎？」

「有點兒。我想，欣然一定是那種常在老公懷裡撒嬌的女人。」

「嘻，嘻，你倒會想像！說不定是那種讓老公下跪出氣的女人呢……」

歐，天哪！現在這些女孩子是這樣說話的！我因爲急著趕路，所以沒有像往常那樣停下來詢問她們的意見。不過我想我應該跟大學生們聊一聊，他們可是中國意識改革浪尖兒上的新潮人物。

沒幾天，我就得知了一位頗有名聲的女大學生：金帥。她在當地的大學生中以現代派著稱，而且據介紹她還是一位「務實，能幹」的公關藝術行家。

□

在一個茶館裡面對面坐下來時，我所看到的金帥不是一個學生，而是一個很職業感的公關小姐：一身合體高檔的藏青色西服把她體型的所有利弊充分地展現和隱藏了，外翻的白領上繡著銀色的小花，使人立刻感覺出它的與眾不同；過膝的長靴誘惑著你猜想裡面是什麼樣的兩條腿；披肩的秀髮一定為她贏得了不少男人的關注和女人的羨慕，我想那也為她贏得了解決公關難題的可能性；至於長像倒沒什麼特別的。

我們點了兩份龍井茶。一對小朱砂茶杯相伴著兩個女人的話題。

「欣然，聽說你讀過很多書？」她一開口就把我們談話的角色翻了過來。

「讀過一些。」我報了一些我讀過的書名。

「這些老古董能告訴你現代東西方人的需求嗎？這種大空話能解決當今世界中那些連大學者、頂尖專家都無可奈何的經濟危機嗎？有點兒用的倒是《現代商務管理》、《人際關係學》啦，或者什麼《市場營銷技巧》、《企業家傳記》的書，至少這些書還可以幫助你知道點兒做人、掙錢的絕竅。

「真的，我挺替你可惜的，認識那麼多權貴，又有那麼大的關係網，當然我還沒算上你那以萬計算的『聽眾朋友們』，卻還在沒天沒夜地掙那點兒小錢！你花那麼多時間去讀那些根本沒用的書，卻不知道抓住青春跟利益！」

「我不這麼認爲，每個人都有自己人生的取捨。」我不太服氣。

「嗨，別不服氣，你不是天天爲聽眾和讀者解答問題嗎，我問你：女人的哲學是什麼？女人的幸福是什麼？還有，你認爲怎樣的女人才是好女人呢？」金帥一口喝盡了她杯中的龍井。

「我想聽你是怎麼想的。」我乾脆放棄了我敍述的權力，也許這樣我可以聽到在快速與奮思維中的眞實想法。我轉守爲攻：「你智慧聰明，才幹豐富，年輕靚麗。那你是不是認爲你是一個好女人呢？」

「我？」她先是一臉的問號，但很快變成了一個毫無疑問的答案：「我，實實在在說我不是一個好女人！」

「爲什麼？」

「小姐，再來兩份龍井，謝謝。」金帥點單的樣子能告訴你她的富有程度。「女人就是女人，什麼好呀壞的。而且，在男人眼裡也根本沒有好女人。」

「哦？你認爲在男人眼裡也根本沒有好女人嗎？」我很感興趣她的定義。

「我的確認爲：在男人眼裡根本沒有好女人！剛開始發芽的男人滿眼都是花朵，那充滿雄性激素的情感對女人那異性的嚮往令他們信誓旦旦，於是產生了眾多的千古絕句：什麼

『海枯石爛永不變心』，什麼『刀山敢上，火海敢闖』，可你去看看，古今中外有幾個血氣方剛的男人會爲他的女人如此堅定？眞有的也全在故事裡和文學作品中，而男人們的解釋是他沒遇到值得如此的好女人。

「成熟的男人決不說那些傻話，經歷已教會他們如何利用女人的弱點去征服女人，一個溫文爾雅的舉止或一句體貼入微的讚美，就可讓那些仰視男人的女子們幸福地夢幻好一陣兒；一旦同床共枕，男人們的怨氣遺憾便隨著每天翻閱的日曆一條條一段段寫進了女人的記憶，結果你知道你不是一個好女人。

「看著那些相依相守幾十載的老夫妻，你以爲這時的男人是滿意的嗎？要是給他一個機會，他會冠冕堂皇地捨老娶小，理由一定也是因爲與他患難與共數十年的女人不好。至於那些金屋藏嬌的男人眼裡更不會有好女人的，他們看見的只是一個個玩物和性工具，在他們甜言蜜語的後面一定還有一個詞：『賤貨』，當然這是個不出聲的詞兒，否則他們早就娶回家向世人炫耀了。」

她往後一靠，儼然一個將要揭示人類秘密的專家：「你知道男人們想要什麼樣的好女人嗎？」

「在這方面我是外行。」我說的是眞話。

金帥很在行地告訴我：「男人們想要的好女人是：在家是賢妻良母甚至如保姆要能料理

一切家務；在外要拿得出樣兒：要身段有身段，要姿色有姿色，言行舉止須如大家閨秀；在床上如蕩婦能讓丈夫盡性洩欲；不僅如此，中國的男人還需要他們的妻子們能掙錢，能夠協助他們斡旋權貴管理財務。你沒聽說過嗎，現代的中國男人們常常歎息今不如昔，他們對一夫多妻制的廢除深感遺憾！清末民初的老朽辜鴻銘的『一個男人配四個老婆，如同一隻茶壺配四隻茶杯最爲合理』的詭論，是中國男人們崇尚的『國萃』。現代中國男人還想多要一隻杯子裝錢！你說，這樣的『好女人準則』能有幾個妻子符合要求？於是，男人們就有了藉口在外邊拈花惹草，特別是那些腰被錢撐粗了的男人們更是理直氣壯地『泡妞』、『養奶』了。」

臨近桌上的兩個男人不時地轉過來看看金帥。

「『男人有錢就變壞，女人變壞就有錢』，眞是至理名言呵。」

「你信？我不太信。」我不太窮，我不想被說成是壞女人。

「不信？你去那些夜總會、酒吧、舞廳看看有幾對是夫妻？有幾個好女人？又有幾個好男人呢？在這些地方，花錢的是男人，掙錢的是女人。別以爲我們是窮學生，告訴你，許多女大學生從來不要父母一分錢也能過得闊闊綽綽的，她們中許多人剛入學的時候連學生餐廳的一個葷菜都吃不起，可現在身上穿得起羊絨戴得起珠寶，出門就『打的』（編按，坐計程車），入夜有包房，一日兩餐有人請，早餐就免了，得睡覺呀——哎，你別搞錯了，人家可不是賣身的！」

其實我什麼也沒說。

「如今，那些大款們開始有文化的需要了，他們不再僅僅滿足隨身侍女，他們要有帶學問的『小秘』以顯示自己的高雅。如果你沒有學歷，想『傍』一個款爺，恐怕也只能傍個開小飯館兒的個體戶，而大企業大公司的老闆你是挨不到邊兒的，那價碼可差大了。『三陪』各有標準：有的陪吃陪唱陪舞，有的陪吃陪舞陪看（電影），我們叫『賣藝不賣身』。當然，少不了得讓那些男人隔著衣服解癢。另一種我們叫『包全活兒』，那就包括陪睡啦。

「做這種小秘的，是不能回學校宿舍過夜的，除非你老闆回家或回國了，不過大多數情況下他們都會讓你繼續住在他們包的飯店，以便他們回來時很方便找到你。做小秘不僅有人包吃、穿、住、行，還有不小的權力呢。你想，人家知道你跟老闆是這種關係，誰敢得罪你呀，聽說過『瓶頸兒』這詞兒吧，說的就是小秘的作用，那一人之下千把人之上的感覺多得勁兒！如果你眞有點經營的本事，那你很快就能從政，要是再靈點兒，就不愁將來沒錢花了。

「不是說時代造英雄嗎？那改革開放就造了咱中國的小秘。中國的大門一開，進來出去的都是跑錢的，人人都想當老闆，有人說早晚有一天，上天也會被走在中國這塊土地上的人所做的發財夢撐破的。夢終究是夢，應了夢的人是鳳毛麟角，可喜歡做夢的人是不計其數。你發現了嗎？收上一捧名片，張張都是老總，個個都是大老闆，甭管人家有幾支槍炮，那公司的名兒可都是頂天立地的。開公司當老闆沒有秘書那不丟臉嗎？可僅有八小時能用的秘書也太不方便了，事無鉅細都得有人張羅，加上那異性相吸的原理以及那陰陽平衡的作用，年輕漂亮的小姐眼前便有了一條特有的陽光大道。於是乎，小秘們『隨風潛入夜，潤物細無聲』般地灑落在那林林總總的公司裡面，中國那累積了上千年的人文景觀中又平添一道時代風景：著裝時髦現代的姑娘們穿梭在保守頑固的政府各部門，催促著當代中國經濟發展史的節奏。

「特別是那些從門縫裡搶先擠進中國市場的老外，他們想在中國走穩就得有中國人做拐杖，那最好的拐杖就是小秘，站著是你的另一條腿，搆東西是你加長的手，躺著可以做枕頭，就連你遇到了競爭對手，小秘還能當槍抵擋一陣兒呢！再說，那些外企的洋爺們兒對中國民情、特色全搞不清楚，要不是這些小秘的點撥，他們早被中國那些貪官汙吏給涮了！不過，做老外的小秘沒有兩把刷子不行，最起碼得會外語！你想，在中國這人才青黃不接的年頭，除了大學哪兒有那麼豐富的小秘資源呀。

「有的人把小秘想的跟妓女一樣，其實根本不是那回事兒！做小秘的大多在同一時期是不事二主的，但也很少有人因此而動眞情。我們都知道，包小秘的男人是有家室的，他們對於家以外的女人只是一種動物般的生理需求，不會爲你拋家棄業的，傻瓜才會拿著這些男人的甜言蜜語當作愛情。不相信的大有人在，結果不言而喻。」

我感到，坐在我對面的金帥似乎跟我不是同在一個時代，或說至少不是在同一個國家的女人：「你，你說的也太絕了吧？」

她很吃驚我的無知：「你說我講的太絕對了？一點兒也不！事實勝於雄辯，講個眞事給你聽：

□

我有一位好朋友叫「迎兒」，是很可人的一個女孩子：高䠷個兒，嫩白的皮膚，總是一臉的燦爛，説起話來，詞兒没出聲笑先到，甜甜蜜蜜的，别講男人就連女人也喜歡跟她在一起。迎兒是藝術學院的高材生，彈得一手好鋼琴，加上她天賦好，吹拉彈唱没有不會的，所以，哪兒有迎兒，哪兒就有歡歌笑語。

兩年前，迎兒上大二的時候，在歌舞廳認識了一位臺灣姓吳的老闆，這位吳先生相貌堂堂又有才華，他在上海經營一家房地產公司，效益很好，於是想在南京再開家分公司。可是初來乍到的吳老闆被南京仍舊保守的一大套公司申辦審批條例搞得暈頭轉向，半年下來，錢財花了上萬美元，可南京分公司連個眉目都没有。善良的迎兒很同情吳老闆，開始幫助吳老闆跑那些繁多的報批手續。

由於迎兒的機智靈活和她頗受歡迎的接人待物方式，她很快就爲吳老闆辦成了工商、税務、市政規劃、銀行等一系列審批手續，使吳老闆的南京分公司很快地開業了。大喜過望的吳老闆對迎兒所做的一切感激涕零。作爲回報，吳老闆爲迎兒在四星級大酒店包了一個套房，並爲迎兒支付每月近五位數的開銷。讓見過大世面的迎兒滿意的不是這些，而是吳老闆對她的尊重和他如紳士般的行爲舉止，這與那些以爲有錢就能買一切的款爺們形成天地之別。迎兒決定「金盆洗手」，不再當「三陪小姐」，而一心一意幫助吳老闆做南京的房地產生意。那段時間迎兒很快樂，她似乎找到了自己如願的生活方式。

有人說：同情與感恩是愛情的兩大陷阱，一點兒不錯！迎兒跟吳老闆也這樣掉進去了。

有一天凌晨大約三點左右，我剛準備躺下睡覺，電話鈴聲響了，迎兒在電話那頭幸福萬分：「嗨，我動眞的了！不過我沒有告訴他。我知道他有太太，是他自己告訴我的，他說他太太是好女人，他還給我看他們的結婚照呢，他們眞的很匹配的。我可不想拆散人家的家庭，我只要他一心一意對我好就行。其實，男人女人之間就那麼回事兒！對嗎？你知道麼，他待我就像疼愛公主，有時我心情不好要點小性子或發個脾氣什麼的，他也不生氣。事後我問他爲什麼那麼有耐心，他說，女人的眼淚跟血流的都比男人多，流血和流淚都是痛苦的事，對痛苦的女人生氣還可以算男人麼？你聽過這麼體貼的話麼？好了，不打攪你了，我只想讓你知道我這個朋友有事不瞞你。親愛的，晚安！做個好夢。」

那天晚上，迎兒一定做了一個好夢。可我被她「攪和」得失眠了，久久無法入睡，男人女人眞的會有那如願的愛情嗎？我很希望迎兒能證明這點，那樣我會得到一份世上還有眞情的希望。

可沒過幾個月，我以爲因爲「幸福得說不出話來」而失去聯繫的迎兒出現在我面前：她混身上下籠罩著悲哀，憔瘁不堪！

迎兒告訴我：吳老闆跟她分手了，原因是得知風聲的吳太太給他寫信，要他在分家分產和跟迎兒分手之間作選擇。幼稚的迎兒以爲吳老闆會選擇她，因爲吳老闆已跟她難捨難分了，幾個月如漆如蜜夫妻般的生活中，吳老闆一直用各種方式表示此生非迎兒不爲，何況吳家的家業很大，分產不會給吳的事業產業帶來多少影響。可當面對專程從臺灣趕到南京來簽署分家分產協議的吳太太時，吳老闆的決定卻是他不能放棄家產，更不能捨棄他在臺灣的妻兒。他讓迎兒儘快離開他的環境，爲了表示「良心」，他們夫婦給了迎兒一張一萬美元的支票，感謝迎兒爲他們在南京做的商務。

毫無準備的迎兒傻了。她要求了一個單獨和吳老闆說三句話的時間，她問他，這決定是眞的嗎？吳老闆說是眞的。她又問他以前的話是什麼？他說也是眞的。迎兒問他，爲什麼他的「眞話」因時而易？他說世界本來就是在變化中的。最可惡的是他居然提醒迎兒：不可以再問了，已經說完三句話了！

迎兒帶著那張支票和一腔的悲憤，還有那很難被淡没的記憶以及世上絕無眞情的信念，回到了三陪小姐的生活。大學畢業後不到兩個月，迎兒就遠嫁美國了。她顯得很果斷平靜，我能感受到她內心有一座女人情的冰山，那是一座很多女人都有的冰山。迎兒到美國寄給我的第一封裡寫著：

「唯一屬於女人的，是女人自己和時間，女人對於男人來講是動物和物質，相信我，不要把男人當作你的精神大樹，他不會甘心女人只坐在他的大樹下乘涼，女人得為他的茁壯成長而勞作，甚至女人得『漚爛』自己去充當男人『成材』的肥料。

「愛如雲，情如雨。如今沒有眞情實義的愛。那些看上去恩愛的男女，早把對方納入了自己的利益盤算之中，他們很明白自己也是對方手中的一顆棋子，這不是一盤錢財的棋就是一盤權勢的棋，所以結局不是為錢財你死我活就是為權勢各奔東西，即便雙方打個平手也是無可奈何。哪有什麼海枯石爛的情和至死不逾的愛！」

□

「『愛如雲，情如雨』，說得多好！可惜，迎兒明白得太晚了。」金帥深深感悟著迎兒的哲言，我的思緒也蕩在迎兒的故事裡。

「金帥，你的想法那麼多，那你打算結婚嗎？」我不認為這是一個願意跟男人共同生活的女人。

「我打算結婚嗎？我還沒有多想。為什麼？因為什麼是愛？什麼人懂愛？我有些拿不準。

我發現，女人把愛的符號看成『心』，而男人把它倒過來看，那就是女人的屁股！每個人的心、愛、情感有天地之差，水火之別，而女人的屁股都是一樣的。所以，男人可以逛完妓院回家還對他睡在身邊的太太說我愛你。這也許是眞的。那你怎麼知道是跟了什麼樣的男人結婚呢？

「像我們有位教授，憑藉著他手中考試判分的權力，經常找漂亮的女學生『談心』，談著談著都談到賓館去了。這是公開的秘密，人人皆知，唯有他太太不知。可你知道，他太太看上去幸福得要死！她說他丈夫很疼愛她，爲她買她想要的一切，就差月亮沒買了；不僅如此，她丈夫總是包攬所有的家務，說是不忍心讓她太辛苦；據她說，她要是看電影掉淚，她丈夫都會心疼地安慰她許久。你說，你怎麼能想像得出這樣一位丈夫跟那位教授是一個男人呢？但這是眞的。

「女人重情感男人重肉欲，有人說這是男女天性的差異。我不知道這是不是確切的，若是眞的，那可眞是女人最大的不幸了。不過，那倒能解釋許多愛情悲歡離合的原由了。要是這樣，結婚幹什麼？男人本來就沒有長那守情忠愛的細胞，你去爲他永不變心，那不是癡呆嗎！」

我想，女人就是這種感情癡呆的品種。金帥的話讓我想起一位在大學的朋友。那位老師就是個感情癡呆的典型，她先生幾年前看到別人都「下海」賺了大錢，心裡也癢癢的要辭職經商，那位老師勸他不要捨棄自己擅長教研、寫作的長處，而去用自己不懂管理不會算賬的短處跟別人競爭。丈夫說她看不起他，非要做出個樣兒給她看，於是，他雄心勃勃跳下了商海，可兩三個浪頭就把他打暈了，不僅賠上了家中多年的積蓄，而且幾年一事無成，他們家的生活全靠那位老師，一個身體很弱的女人撐著。

更不可理解的是，她那丈夫眼高手低，有才無能，沒本事找到自己在社會上的地位，又不願幫助太太分擔生活瑣事。最令我們無法理解的是，她那個滿口學問一事無成的丈夫動輒板著臉玩深沈，有時還在眾多的人面前對他太太發脾氣，好像太太欠他什麼似的，看起來就像那些農村鄉下沒文化的男人在女人面前擺威風，他的理由：他是男人。

那個大學的同事老師們都敲打她：「別把男人慣壞了。」有些學生也看不下去，問她幹嘛這樣爲一個根本不值得愛的男人吃盡了苦頭，她癡癡地說：「他曾很愛我。」

我眞的是無法理解這樣的男人。

金帥似乎跟我在同時感歎：「唉，我覺得，打開中國家庭的房門，你看到的大多都是累得半死的女人和坐著發脾氣、歎息生活不如意的男人。你說，這樣的家門，你進它幹嘛？那不是自投羅網自討苦吃嗎？！

「人類的社會就像無邊的海洋，你的能力與知識所掙的，便是帶你周遊的舟船，生活艱辛的惡浪中你是否會被打翻，就決定於你那船的噸位大小，或說錢多少、權術大小、有無生活保障等，而男人女人總是想合二爲一同舟共濟，以尋求更大的安全。如果一個人的船坐上了兩個人，或是兩條連接的船由一個人來駕駛，那都將是悲劇的情節。可看起來，中國的男人好像很少有明白這個道理的。」

我們好像開始有共同語言了。我告訴金帥，我的英國朋友講，在他們那兒，大部分受過良好教育的年輕人大多是三十五歲以上結婚，因爲他們認爲大學畢業後得工作八年十年，事業有了方向，經濟也有一定的儲備，那才算有了成家立業的資格。正因爲如此，四十多歲結婚的也大有人在。他說：「男人沒收入等於沒穿衣服！」

「哇，多棒的詞兒！男人沒收入等於沒有穿衣服！」

金帥大叫一聲，嚇了我一跳！她就像又點燃了另一個興奮點：

「說得多棒！哪個女人願意跟一個裸體男人逛世界？這才叫面對眞實生活，這可不是什麼崇洋迷外。中國男人以爲幾句信誓旦旦的愛情宣言就可以掙個幸福家庭，就算太太跟你吃米糠野菜也毫無怨言，可面對繽紛的世界五彩的生活，你能拿幾句話當飯吃嗎？你能讓你的女人穿西北風嗎？再說得透點兒，中國那些只會想像不會動手的男人們，有的連愛女人的話都不願說，他們認爲那是丟面子！我眞搞不懂，心安理得靠著自己弱女人過日子的大男人們自尊在哪兒？又大什麼呢？」

「你這話聽起來很像女權主義者。」我逗她。

「哎，可別這麼說。我絕對不是女權主義者！我只是實在沒發現中國有男人，甭講那些

『黨的喉舌』裡發出的詞兒。你不是採訪過幾十位女性嗎？有幾個是因爲她的男人而幸福的？有幾個中國男人敢在你的話筒前報出他的姓名，然後對他妻子說一句：我愛你？」

這時，臨桌的兩個男人朝著我們這邊兒指指點點，恐怕是被金帥的樣子嚇著了。

「西方男人喜歡講這些是因爲他們的文化習慣。」我想盡力顯得對男人公平一點兒。

「什麼，你認爲那是文化差異？我不這樣看，連對自己深愛的女人都沒有勇氣在世人面前說出這三個字，你能相信他會在世人面前爲他的女人忍辱負重嗎？不能爲妻子忍辱負重的丈夫，叫男人嗎？」

金帥以一種不可爭議的口氣宣稱：「我就是認爲中國沒男人。」

鄰桌的那兩個男人走了。

□

我沈默了，面對這樣一顆年輕卻結冰的女人心，我能說什麼呢。

金帥全然不覺我的無言：「有一次你在節目裡講，有人說『女人的嘮叨是衰老的標誌』。你說，講這話的人一定沒有注意男人是怎麼樣以自己的心不在焉、滿不在乎，把女人逼得不得不多嘮叨幾遍。否則，不僅是女人自己有時連男人和全家都得用多幾倍的時間跟金錢去補救男人『沒聽清』和『沒記住』而做錯或沒做的事情。你認爲女人是爲了節省時間和錢才被迫養成了嘮叨的習慣，你還提議男人應爲女人這種無形的辛苦而付酬謝。那時，正好我媽媽來看我，她聽了那次節目，她說回北京得跟我爸爸好好評評理，她說她年輕的時候就怕別人嘮叨也怕她自己變嘮叨，可不知怎麼的她自己還是變得愛嘮叨了，這回她明白了，是我爸爸把她『改造』成這樣的。哈哈！」。

這時的金帥，看起來像個天眞浪漫的小姑娘，我更喜歡這時的金帥。

「我的哥兒們姐兒們說：中國人的話題終於跟世界接軌了！不過，我認爲咱中國人男女的話題可比老外的豐富多彩，幾千年不同朝代千變萬化的歷史，五十多個不同風俗習慣的民族，極端統治階級專政的交替，還有中國女人被特定的行爲舉止、儀表服飾，甚至於十多種『太太』的稱謂，可是老外可望不可及的。」

金帥在我眼中變得越來越可愛了。

「欸，欣然。」金帥探著身子問：「我可不可以跟你一起搜集中國女人們的『至理名言』？我對這眞的非常感興趣，而且我也有不少看法。

「比如說，中國男人喜歡講『我是男人』，這句話如同一則特許令：男人可以在外酒色度日，可以在家揮拳妻小：可以對女人說不能，可以對孩子不准。可很少的中國女人能在既養家糊口又操持鍋碗瓢勺時想起對男人說『我是女人』！好像這句話會使女人失掉更多的權力和利益似的。

「再比方說，人們總說『好女不事二男』。可男人命短，天災人禍誰能料到誰能控制呢？難道女人爲了一個『好女人』的名聲就該閹割女人的天性嗎？我知道『閹割』不是女人用的詞兒，可實際上就那麼回事！在中國歷史上爲了一個節婦的牌坊『閹割』自己青春甚至生命的女人，還少嗎？當然，現在這種女人也還有，那大多在偏遠的鄉村，城市裡應該是罕見的了。

「還有，你聽說過『如今中國處長比處女多』這話嗎？眞有意思，我猜，發明這句話的一定是個男人。我也想找找現在中國人洞房花燭夜時有幾個處男。

「那句老話一定也是男人創造的：『頭髮長見識短』。我眞奇怪，據說這話自明代就有了，可你知道大清朝男人的頭髮一點兒也不比女人的短，那爲什麼這話就沒被淘汰呢，那些拖著大辮子的滿朝文武難道不知道這句話麼？還有啦，當今男人酒桌上的『魚』……」

「什麼？什麼男人酒桌上的魚？」我發現我在新一代人面前，對他們用詞的理解顯得是太愚鈍了，我知道那不是一般的魚，但我不知道那魚究竟是什麼。

「歐，可憐的欣然，你連女人自己的分類都不清楚，你怎麼能看清男人的嘴臉！」金帥用她那塗著玫瑰紅指甲油的手指敲點著桌面。

「告訴你吧：男人們喝酒喝出了一套對女人的定義，情人是『刀魚』，肉鮮可刺很多；小秘是『鯽魚』，『燉』（相處）得時間越長越有味；別人的老婆是『河豚』，想嘗一口那得冒殺身之禍，不過，拼死吃河豚可是美食家的自豪。」

「那，那些男人自己的老婆是什麼呢？」我想知道那些妻子們在她們丈夫的酒桌會是什麼。

「『鹹魚』呀。」

「鹹魚？爲什麼？」

「鹹魚又經吃又耐放，沒菜時，鹹魚既是鹽又是葷，想吃腥時鹹魚又便宜又方便。那些結了婚的女人在他們老公的眼裡不就是這盤菜嗎？」我覺得金帥看著我的目光就像在看一條老鹹魚。

「天哪！……」我有點發暈。

「好了，好了，我可不能再說了，我得幹活去了。」金帥站了起來。

我腦子裡還在想著那些可憐的「鹹魚」。

「哎，我們可有不少朋友每天聽你的節目呢，你別忘了在節目中回答我的問題：女人的哲學究竟是什麼？女人的幸福是什麼？你認爲怎樣的女人才是好女人？三個問題缺一不可。」

她一邊擺動著她那苗條的身體，一邊麻利地收拾她的手拎包，走了。

說眞的，我回答不了金帥的問題，我所知道的以及我所理解的有關女人的觀點，比起她的論述似乎相差了一個時代，也許應該說是相差了一個女人共存的空間……。

□

我一直很想知道更多的中國現代女性如何看待中國社會中的男女情感及家庭責任等問題。我便利用東奔西跑的採訪機會，分別在河南、山東、江蘇、上海、海南省跟廣州，在大約二十幾所大專院校進行了近五、六十人的採訪。其結果令我吃驚：在改革開放中成長起來的新一代中國女性所形成的性情、觀念和生活方式，與她們曾朝夕共處的父母輩大大不同！她們在成長過程中的快速吸收以及大刀闊斧的取捨，使得她們的世界觀、人生價値論都如同被化學生長素催化一般的色澤鮮明，碩果纍纍，可那生長期的短缺卻爲那最終的成果留下了深層思慮的空白。她們錯了嗎？我以爲沒有。因爲，她們跟她們的母親一樣，沒有得到一個正常、完善的女人成長的空間。

自遠古的母系制社會解體之後，中國女人的地位一下掉到了物種的底層，她們被歸爲財產的一部分，同食物、工具、武器一起被進行分配。後來，她們被准許進入男人所擁有的世界，但只能生存在男人腳下，生死於男人的好惡之中。從中國建築發展史上你可以看到女人從落居於下房、偏房，經過漫長的歲月才有爲數不多的女人進入到一牆之隔的上房、正房；

從中國的人文發展史上你能讀到，女人是從幾千年的後宮三千、妻妾成群剛剛走到為時不足七十年的一夫一妻制；中國的歷史很漫長，可留給女人成為自己的時間並不多，而留給男人們認識女人的時間也不夠。

當二十世紀三〇年代西方女人呼籲男女平等的時候，中國的女人才剛剛為她們的雙腳不願再被纏裹成只有三寸長，不願再被長輩制定婚姻，而開始向男人社會宣戰。可是她們不知道女人的責任、權利和利益是什麼，她們不知道如何得到與男人一樣的人世間，她們茫然地在自己生活的窄小空間裡尋找答案，即便是有知識的女性，也只能在被染了色、變了形的中國教育中認識這個世界。

第四章　唱俄羅斯民謠的垃圾婆

不想跟孩子住在一起打攪他們的生活，更不想讓我的孩子在妻子和母親兩個女人中間艱難地走平衡木。而我又無法走出女人、母性的慣性，所以我只能用這種生活方式保證每天的清晨能看見我那去上班的孩子，請你不要告訴他。

在我工作的電臺門衛崗哨不遠的偏牆邊上，有一排用破鐵皮、油氈及塑膠包裝袋拼搭的幾個小棚子，小棚子裡，住著幾戶以拾賣垃圾爲生的女人。她們爲什麼選了這樣一個地方？她們之間什麼關係？她們從哪來？我都不知道，我能想到的只是她們住在那兒很安全。因爲離我們電臺的武警哨衛不遠，隔牆一聲喊，也許就會讓那些心懷叵測的男人們心驚膽顫。我覺得她們很聰明。

在這些拾垃圾女人們零落的小棚子中，有一個最小的，顯得有些特殊。這個最小的棚子的「建築材料」與其他的沒有什麼不同，但拼搭的方法似乎有些藝術手法，看上去是經過一番設計似的：破舊的鐵皮，被幾筆彩色的漆塗成了一個印象派的落日景色，那是「牆」；作爲「屋頂」的油氈，被折出了古城城堡的式樣；紅、黃、藍三種顏色的塑膠包裝袋，被幾根小木條撐成了三個小窗，兩個在「屋頂上」，一個在門上像個瞭望孔；門是由紙盒板包上那種條狀編織塑膠布製成的，防雨水顯然不成問題。讓我感動的是，這個垃圾城堡門口還掛了一個由五顏六色碎玻璃片做成的小風鈴，那風中的叮鐺聲可以幫助你理解古代中國女人服飾上所發出的叮呤聲響，很女人味。

小垃圾城堡的主人是個年過五十的瘦弱女人。她的垃圾棚跟別人不一樣，她自己也同別的拾垃圾的女人不一樣。一般拾垃圾的女人都是蓬頭垢面，可她不是；無論什麼時候她都把自己收拾得乾乾淨淨的，那些破舊衣服洗滌得乾乾淨淨、縫補得整整齊齊，若不是她手中總拎著一個拾垃圾袋，你很難想像她是個垃圾婆。她似乎從來不與其他的拾垃圾女人在一起，總是獨來獨往的。

有一天，我把我對於這位垃圾婆的發現告訴編輯部的同事，他們也紛紛表示有同樣的「發現」。一位同事還說，這些垃圾婆也是我晚間熱線節目的熱心聽眾。

做採訪社會專題的記者大李，在一旁用他的筆戳著桌面，說：「不要以同情的眼光去看垃圾婆，他們並不貧寒，他們的精神中有一種一般人無法想像的對那些俗世的超脫，他們對物質的追求因他們那沒有貪婪空間的物欲而滿足，而有些人就其資產指標本身也並不比其他職業者貧窮。」他說他在一個豪華歌舞廳看見過一個拾垃圾的女人，一身珠光寶氣，喝著上百塊錢一杯的法國白蘭地。

「瞎說！」做音樂節目的夢星不相信。她認爲大李老眼昏花看走了眼，或是把相像者看成一個人了，可能是雙胞姐妹。

大李費了半天的勁兒告訴我們他是怎麼樣發現這個秘密的，可夢星就是不信。向來「三思而後行」的大李竟然急了，要跟夢星打賭。別人一聽要打賭，一個個都來了勁兒，紛紛報出他們的「價碼」，當然也有他們的「汽油」，因爲幹記者的天性便是「唯恐天下不亂」！架不住衆人的起鬨和對方的不服，大李和夢星開賭，賭碼是一輛自行車。兩人排除「萬難」制定時間：大李騙自己的老婆說是要做一個「晚間特別報導」，夢星則對男朋友說「體驗現代生活音樂」，兩人一連幾天跑到那個歌舞廳查證那個女人。

結果，夢星輸了！

那位喝著威士忌的拾垃圾女人告訴夢星，她一個月賣破爛的收入是九百元。大李形容當時的夢星，「驚得嘴張得大大的半天合不上」。要知道那是八〇年代末的中國，夢星一個月連工資帶稿費總共才四百元左右，而且已是她同級別記者中收入的佼佼者，可一個賣破爛的女人的收入竟是她的兩倍！從那時起，夢星一改往日「有錢人」的傲氣，不再以價值論高低地在工作中挑肥揀瘦了，只要能掙錢的，她幾乎是一概不拒。大家都說：她是一輛自行車輸出了「實際」的人生觀。

□

自從這件事之後，不知怎的，每每我看見一些拾破爛的人都會猜測這會不會又是一位「富翁」、「富婆」？而更令我自己覺得可笑的是，在歌舞廳裡的燈紅酒綠中我又會常想，在這盡享人生富貴的人中，究竟有多少是從垃圾發家立業的？以前我從未仔細思索過垃圾婆，也沒有在意過她們的日常生活舉止。坦白講，我心裡還略有些對她們唯恐躲避不及的念頭。可打那「垃圾傳說」之後，我忍不住想起了這幾間女人的垃圾小屋，我曾想，這些小垃圾棚說不定是她們的「辦公室」，而她們的家會在那些日趨現代的公寓裡呢。好一段時間內，我真的是陷入了這「垃圾效應」的魔境。

在我很想知道她們的故事時，很快，一個機會就來了。

□

我的同事小姚懷孕了，她從知道自己懷孕的第一天就開始找一個「可靠、負責、有愛心」的「阿姨」，幫她照看她那九個月後出生的寶寶。我能理解她，要找到一個好的阿姨在家照料寶寶做家務是很難的。爲我幫工的小阿姨，是個善良勤勞的十九歲安徽姑娘，爲了逃婚，獨自一人跑到大城市闖天下，可她沒受過教育，這給她設下了重重障礙：她不認識鈔票，不知男女廁所標誌，不懂交通信號燈，所以獨自外出是根本不可能的；而在家中，她會爲打不開電飯鍋而大哭，她會把美味的松花蛋當作「壞蛋」扔進垃圾箱。有一天，她一本正經指著一個路邊的垃圾箱說，她把我的信放進了那個「郵筒」！那時，每天我都得往家中打幾個電話以確認一切正常。我從來不忍心指責她什麼，我深深知道她身在異鄉的不容易。可有一次，我忍不住對她大聲叫喊了。那是一個寒冬的午夜，我下了節目匆匆往家趕。我凍得哆哆嗦嗦小跑上樓時，聽見一個弱小孩兒的哭聲；天哪，那是我的小盼盼！五層樓的階梯邊，盼盼那不到兩歲的小身體在一層單薄的睡衣中顫抖著，他的哭聲早已被凍成了低聲的呻吟。我急忙衝上去把他摟進懷中，可憐的盼盼簡直像個小冰陀！我一邊用自己的體膚溫暖著盼盼，一邊大聲叫醒熟睡中的小阿姨，我沒說什麼而大哭起來。我，我能說什麼呢？我是一個媽媽，可我不能給自己的孩子一個母親的時間和一個母親的關懷，又怎麼能指責一個幫傭的小姑娘？

老陳看到小姚愁的樣子，便逗了她一句：「那麼多拾破爛的女人，幹嗎不去挑一個眞格的呢，又不擔心她跑，又不用花大價錢。」

我們幾位女同事都興奮不已：「對呀，怎沒早想到呢！」

「挑個眞的垃圾婆做阿姨」，便成了我那幾位女同事一連幾天滔滔不絕的話題。她們從怎樣觀察，如何判斷，家庭法則到獎懲制度等等，制訂了一系列成套的計畫，最後她們竟準備聯合聘人、輪流使用成立一個小協會，齊心協力解決幾家人的大小孩子們的照管問題。

好像是一個週末，幾位母親通知我參加一個「女性會議」，地點還選在了女廁所邊上的一個小會議室。待我很不安地坐下來詢問她們是不是通知錯了人時，她們很鄭重地說她們是「一致推選」我作代表，幫助她們在電臺偏牆邊的拾垃圾女人中選一位阿姨，輪流住在她們家中，直到小姚生她的寶寶之後由小姚任用。她們也不管我是否同意或有何想法，就不容置否地講述了選我做代表的原因以及他們選人的準則，在這次會議上我第一次受到了來自女同事們那麼好的評價。她們說我「顯得」眞誠、可信，說話總是很有人情味而且通情達理，做事有條理、邏輯性強，而且思考問題很全面。我聽了著實激動，不禁懷疑她們是否別有用心，但我的虛榮心跟我說：「別管她們美言的動機是什麼，是不是出於眞心，反正是好話，她們還是對我有好感的。」

有人說女人是最笨的，幾句好話就能讓她作牛作馬，似乎還挺有些道理。反正，在她們的一通「鼓吹」後，我眞接收了「委任」。我知道，我自己也有意了解這些特別女聽眾。

我開始時不時走過那些拾垃圾女人的小屋。然而觀察的結果很令人失望：看著這些撿垃圾的女人，實在難以把她們想像成有愛心有責任的人。至少在「女人」的定義中，多年拾垃圾的經歷和不正常的生活習慣，已把她們的女人天性磨損了許多，她們能隨意將鼻涕抹在手上、把痰液塗抹在衣襟或隨手可及的任何地方；她們可以把孩子夾在腋下，以騰出手揀垃圾做事，她們甚至能以一紙小板作遮羞物在路邊解小手。我在幾天中從外界的觀察結果便是如此。唯一可考慮的便是那「垃圾城堡」的女主人，從她日常舉動中你能感到一個女人的天性，慈愛、潔淨、溫和，可我不知道言語思想中的她是不是一個可「入選」的女人。幾經猶豫，我鼓足勇氣在她「回家」路上截住了她：

「你好！我叫欣然，在這個電臺大院工作，請問我可不可以跟您談點事？」

「你好！我知道你，你是《輕風夜話》的主持人，每天晚上我都聽你的節目，你有什麼事？」

「哦？眞的，謝謝你收聽我的節目。」

「沒什麼，很多人都在聽。你找我有什麼事，就在這兒說好了。」

「是這樣的……。」不知怎地，我這個在話筒前能喋喋不休的主持人竟語無倫次，說不清要跟她說什麼。

可垃圾婆很聰明，她很快明白了我的意見。她以一種坦然又不容多講的口氣說：「謝謝你的同事們信任我，可我難以接受這個盛情，我喜歡自由自在地生活。」

垃圾婆不火不冷的一句話，把我在女同事們面前的所有「才華」掃蕩得一乾二淨！

我帶著一無所獲的結果向我的女同事們交帳，她們無法相信我這樣笨：「堂堂熱線主持人，連個垃圾婆都勸說不了！」

面對垃圾婆的眼神我無言以對，我覺得那眼神不僅僅是拒絕，更多的是什麼？當時的我還說不清楚。

□

從那以後，垃圾城堡和它的女主成了我每天上下班必定關注的項目。一切如同先前，可對我來說，一切又被裝入了許多渴望知道的謎底和期盼。終於，我有機會開始接近這座小城堡。

那是一個仲秋的夜晚，我下節目後，自然而然又路經那牆下的垃圾小棚——我聽到了裡面傳出低聲的哼唱……

啊，那是俄羅斯民歌〈草原〉，我這天晚上的節目剛剛播放過！可我感到奇怪，爲什麼垃圾婆會哼唱這首歌？要知道，在文化大革命之後又經過了中蘇長時間的冷戰，知道這首俄羅斯民歌的人不多，而會唱的人就更少了。我知道它，是因爲曾在大學學過俄語的母親教我的；可是，以垃圾爲生，無家可歸的垃圾婆是怎麼知道的呢？

我被吸引著走向「垃圾城堡」。也許是我的腳步聲驚動了哼唱者，歌聲突然止住了。那扇特製的小門輕輕開了，垃圾婆穿著一塊「布」（後來她解釋說那是她自己特製的睡衣）靜靜站在那裡，以她那詢問的眼神無聲地問我：怎麼了，有事嗎？

「對不起！我，我只想聽你唱這首歌，你唱得眞好！」

「是嗎，欣然，你也喜歡這首歌嗎？」

「對，對！我非常喜歡這首歌，它的歌詞、曲調我都非常喜歡，特別是在夜晚，更是一番意境！」

「你也會唱吧？」

「會一點兒，可唱不好，味道不足。」

「你們主持人眞有意思，會把各種辭彙話靈活現地用於其他地方，一首歌的味道是什麼味，甜的？酸的？苦的？辣的？鹹的？有意思。」

「對不起，請問我應該怎稱呼您？」

「你們不都叫我們垃圾婆嗎？我覺得這叫法挺好，就叫我垃圾婆，名字旣是代號也是人的特徵，垃圾婆對於我正合適。」

「這，這不大合適吧？」

「沒事兒，欣然，就叫我垃圾婆A，垃圾婆B或垃圾婆C。你只是在這兒聽我哼哼，沒別的事嗎？」

「沒有，我剛下節目回家，路經這裡，聽到你唱這首俄羅斯民歌覺得有點奇怪，請問我能知道你是怎麼會唱這首歌的嗎？」

「是我丈夫教我的，他以前在俄國留學……」

我很感謝這首俄羅斯民歌，它像一把鑰匙幫助我打開了垃圾婆的描述。垃圾婆說得不多，也沒讓我進到她的垃圾城堡裡入座，可我很欣慰，我又可以開始了解一個女人了。

那天我到家已是淩晨三點。

後來垃圾婆並沒有因為那天晚上我們的交談而跟我有任何親近的表示。我生出疑問：垃圾婆的丈夫留過學，為什麼她流落到垃圾婆堆裡？

□

在以後的一段時間裡，我每經過垃圾婆的城堡都會有一個新的問號：垃圾婆有幾個孩子？她丈夫現在哪兒？為什麼她寄居於此？為什麼她的言行舉止顯得那麼文雅？她來自怎麼樣的家庭？她有過什麼樣的教育？她有孩子嗎？若有，他們在哪兒？為什麼？

越來越多的問號，猶如一隻手，把我推向垃圾婆的以往、現在、將來。

不久，臨近新年時，我出差到北京採訪，北京台的朋友告訴我，北京的燕莎商場不錯，有許多世界名牌貨建議我去逛一逛。在那兒，我看到了一盒俄國酒心巧克力，價錢很貴，但我還是買了下來，同行的朋友說我眞是外國貨的「牌盲」，他們說酒心巧克力是瑞士的最好，哪裡算得上俄國。可我想買給垃圾婆，我相信，能哼唱俄國民歌那麼好聽的垃圾婆，會對俄國的東西有種特殊情感；直覺告訴我，這盒俄國酒心巧克力會是另一把鑰匙，幫助我打開垃圾婆那記憶的城堡。

那天回到住地城市，我沒有先回家，而是迫不及待趕往垃圾城堡。可當我走進那扇小門時我猶豫了，要是垃圾婆問我爲什麼送她這樣一份禮物，怎麼回答呢？是啊，不是有話說「世上沒有無緣無故的愛，沒有無緣無故的恨」嗎？我連自己都對自己說不清原因，又如何講明我送她這盒巧克力的心意何在呢？然而，在垃圾城堡打開小門的霎那間，我的腦海中湧出了一句回答：因爲我們都是女人，女人是情的物種，這是爲女人情而送的。

垃圾婆捧著那盒巧克力很激動，顯然觸景生情了。

她告訴我，她丈夫非常喜歡俄國酒心巧克力（我想，那個年代的中國人認爲最好的東西一定是蘇聯的），她已經有近三十年沒見到過俄國酒心巧克力了。

平靜的神態漸漸又回到她的臉上，她終於問我爲什麼送她這麼貴重的禮物。

「因爲我們都是女人，因爲我想聽你的故事。」我坦誠得連自己都有點不理解。

「——好吧！」垃圾婆似乎下了很大的決心。

「但不能在這兒，這沒有牆。沒有人想讓很多的人看到她胸前的疤痕！特別是女人。」

我們選了一個小植物園裡的小山坡，爲數不多的樹叢和我一起傾聽著垃圾婆。

垃圾婆的故事並不像我期待的完整如書，更沒有前因後果的交待，我能強烈感覺到她仍不願多說，她的言語只是爲我打開了那關閉她的盒子，而沒有掀開蒙罩著她的那層面紗。隔著這層面紗，我知道了：

垃圾婆的丈夫，年輕時曾在莫斯科留學三年，接收蘇維埃式的政治培訓，回國不久便進入政界。時值中國五八年轟轟烈烈的大躍進年代，在黨組織的關懷下，由領導牽線搭橋與垃圾婆結婚，垃圾婆沒有提及那在中國家庭中家家都有過、人人都曾經歷過的政治運動對她家庭的影響。在他們一家人爲第二個孩子的出世而高興時，正當年的丈夫卻因突發性心臟病匆匆離世，撇下了年輕的垃圾婆和兩個孩子，又在不到一年裡，最小的孩子染上腥紅熱夭亡了。這喪失夫子的巨痛使垃圾婆幾乎失去了活下去的勇氣，她曾帶著唯一的兒子走向長江邊，以求再生的夫妻團圓和母子相聚。

在長江邊，在垃圾婆爲孩子整理衣服，準備跟生命再見時，幼稚的兒子奶聲奶氣地問母親：「是不是去看爸爸？」

垃圾婆很震驚：只有五歲的孩子怎麼能知道她的心。她問兒子：「你說呢？」

兒子大聲說：「一定是去看爸爸！可我沒拿爸爸給的小汽車呢！」

垃圾婆哭了，她沒有再問孩子爲什麼這樣說。可她覺得孩子感悟到了她的情感，彷彿孩子已懂得他的爸爸不跟他們在一個世界，可孩子還沒有生與死的意識，更不知那是一個有去無回的單行道。流出的淚水彷彿是滋潤了垃圾婆那已枯竭的女人的責任、母親的心。她抱著孩子在江邊痛哭了一場，將悲痛、軟弱宣洩在那滔滔的江水之中，在那被騰空的心中裝入了堅強和強烈的母愛，她帶著孩子回到了已被她留下絕筆的家。

孩子問她：「我們不去看爸爸了？」

垃圾婆說：「爸爸那兒太遠，你太小走不到，媽媽要幫助你長大，讓你帶更多更好的東西去見爸爸！」

爲了使孩子能帶最好最多的東西與丈夫「團圓」，垃圾婆爲他提供了一切，一個家、一個母親所能做的一切。據垃圾婆說，他的孩子很成功！

「可爲什麼，應該是成了家立了業的孩子會令自己勞苦一生的母親淪爲垃圾婆呢？你兒子在哪兒？」

垃圾婆沒有回答我的問題，她只說：「沒有人能說得清一顆母親的心。」不知爲什麼，垃圾婆的簡述給了我一種「不可多問」的暗示，所以我仍無法知道面紗後面的垃圾婆。

□

很快，新年過後便是春節。而每在此時，新聞界的大小官員格外吃香，家中禮物成堆，辦公桌上請柬成束。雖然，我當時只是一個節目主持人，沒有一官半職，但因我的節目很受歡迎，所以也常受到權貴們的重視。我知道那不是對我的獎賞，而是他們需要我那眾多的聽眾。

在我那爲數遠不比上頭長官多的燙金大紅請柬中，有一份是來自一位新上任的市政新貴。據說他是年輕有爲，有望走入省級幹部的優秀選手。我很想知道，一個比我大不了許多歲的同代人是具備如何的魄力能成功走入中國政治那猶如八卦陣般的迷宮。我決定赴這位政治新秀的招待宴會，請柬上說那將是一個西式自助宴會，倒蠻新鮮。

政治新秀的家不算深宅豪門，但也頗具非凡，單那氣派的大客廳就夠做我那些單身同事們四、五個人的居室了。因我到得較晚，室內已是人群喧囂杯盤叮鐺了。我在女主人的引導下，拜見了幾位經常在報紙上的會議消息中必須提及姓名而且排名不能有誤的大人物。

政治新秀家中準備的西式自助餐很豐盛，似乎也很道地，至少跟我在那些雜誌上看到的圖片很相似。熱情的女主人，爲了表示對新聞界女賓的特別招待，將我們幾位來自新聞界的女記者招呼到她的臥室以示親近；接著，她拿出了一盒酒心巧克力準備招待我們。

在看到那盒巧克力的一霎那，我愣住了：那是一盒與我送給垃圾婆一模一樣的俄國酒心巧克力！

也許是巧合？也許人家也在北京買的？也許有人送給這家與我同樣的禮品？

就在我剛要說自己「少見多怪」時，那被女主人打開放在一邊的盒蓋子，把我徹底「凍結」在那裡了！盒蓋的反面有一首手抄的俄羅斯民歌〈草原〉的歌詞：

茫茫大草原路途多遙遠，有個馬車夫將死在草原；

車夫掙扎起拜託同路人，請你埋葬我不必記仇恨；

轉告我愛人：愛情我帶走，另找知心人，結婚永相愛……

那是我專門作為新春祝詞抄寫給垃圾婆的！

怎麼回事？這政壇新秀、豪門權貴，與那破鐵廢紙堆上垃圾城堡的主人，相差天上人間的社會環境、十萬八千里的生活，怎麼會有傳遞這盒巧克力的途徑呢？怎麼回事？究竟發生了什麼？我覺得我渾身的血都湧入了大腦：膨脹、發熱，充滿了讓我心跳不已的問號！

我無心再留在那個宴會上，匆匆找了一個連自己都不相信的藉口，離開了那政治新秀的家，向電臺偏牆邊那垃圾城堡跑去。我彷彿被那些問號追趕著，氣喘噓噓，近乎狂奔！

垃圾婆不在她的城堡中，她很晚才回來；一看見我，她便略有興奮地告訴我：「過年過節是拾垃圾的旺季，能在那大大小小被塞滿的垃圾筒裡揀到許多甚至沒開包的食物和一些被過年前清理掉的用品。」

她說：「真是酒不醉人，人自醉，日子好點了，人就不知患了。這年頭……。」

我迫不及待打斷了她的興致，劈頭就問她那盒酒心巧克力在哪兒？為什麼我會在一個政治新秀家看到了那盒我抄寫了歌詞的酒心巧克力？是不是有人搶財截貨？到底發生了什麼？

垃圾婆表情極其複雜地聽著我一大堆氣勢洶洶的問號，看得出她在顫抖。但她極力克制著，努力以她那貫有的冷淡回答我說：「過了年，找個時間我會告訴你的。」然後便把我丟在門外，不再理我。

我呆呆地不知所措，就像剛出油鍋就被放入超低溫的凍室，那冷熱來不及反應就被凝固住了一樣。我不知道我在那垃圾城堡的外邊站了多久，直到寒風把那串門前的風鈴吹得叮鐺作響了，我才知道，我該回家了。

我覺得那個年過得很長很長，而且自己似乎感到對不起垃圾婆，怎麼能那樣問她呢？她一個人在那根本不禦風寒的垃圾棚裡無親無友，再想著我的話，這不是雪上加霜嗎！我想去看看她，可我知道，她說要過年後，那一定得過完年，現在她是決不會見我的。

我覺得自己眞笨。

□

年後的第一天上班，我一大早匆匆趕到電臺大院。路過垃圾城堡看見垃圾婆的門是鎖的，垃圾婆總是很早離開她的小棚子。誰能在那夏不避暑，冬不擋寒的小棚中貪睡呢？在電臺大院門口，傳達室値班的師傅叫住我，說是昨晚有人把一封信交給門衛的武警戰士，請他們轉給我。我並未介意這封信，因爲這種傳遞方式常發生，我的很多聽眾都情願到電臺門口請人把信帶給我，他們認爲似乎這樣才保險，才會引起我的注意。然而特殊的事多了，便形成了另一種平常，所以我漸漸把這種「專遞」來的信歸爲「一般處理」。這封信沒有什麼特別引起我注意的，所以它被我隨手放在了待讀的信盒中。我有一個很大的信盒容納那每天上百封的信件。

那天，我四、五次跑到垃圾城堡去找垃圾婆，可是門都是鎖著的。我有點開始埋怨垃圾婆說話不算話了，最後我決定乾脆等下去直到晚間，反正我有那麼多信要拆閱，我一定要等垃圾婆回來，跟她訂時間問清巧克力事件。再說，我也很想跟她說聲對不起。

大約晚上八點二十分，我又去找了一趟，那門還是鎖著。

回到辦公室我又繼續看信。接下來的一封信，字跡非常清秀，一看就知道出自於受過良好教育的女性之手，我覺得似乎在哪見過這封信。這拆開的信又一次把我拋入了那可怕的冷凍室！我的大腦，被看到的字句凍結得死死的沒有了思考。

那是垃圾婆寫給我的，正是早上傳達室門衛轉我給的那封！

欣然：

謝謝你，謝謝你的節目，我每天都聽！謝謝你的眞誠，我已有許多年沒有朋友了！

謝謝你送給我那盒俄國酒心巧克力，它讓我想起了我曾是有丈夫的女人。

我把那盒我丈夫很愛吃的俄羅斯酒心巧克力送給我們的兒子了，我想他會像他父親一樣喜歡的。

因爲我不想跟孩子住在一起打攪他們的生活，更不想讓我的孩子在妻子和母親兩個女人中間艱難地走平衡木。而我又無法走出女人、母性的慣性，所以我只能用這種生活方式保證每天的清晨能看見我那去上班的孩子，請你不要告訴他，他一直以爲我住在鄉下。

欣然，對不起，我走了。我是一位外語教師，我應該回到鄉下去教更多的孩子們。正像你在節目中所說的，老年也能有一個美好的空間，編織自己的晚年。

原諒我的冷漠，因我所有的熱都給了我的孩子，他是我丈夫的繼續。

欣然，對不起，辜負了你一片心意，我無法走出女人和母親的慣性！

春安！

垃圾婆，於垃圾門齋

垃圾婆走了！因爲我，她不能再做垃圾城堡的主人了！噢，垃圾婆！我的心久久不能平靜……

在我的聽眾中、我的採訪中，無數像垃圾婆一樣的中國母親，像蠶，像蠟燭一樣為家庭和兒女吐絲織錦，燃燒發光耗盡了自己的身心，而到晚年，她們視自我或是被視如蠶屍，徹底被遺忘、遺棄。

中國的母親們無怨無悔於自己那聖徒般的付出，他們唯一的信念就是自己是女人，是母親！女人無法走出女人和母親的慣性與天性！即便像我這樣的「殘廢母親」，也都無法淡漠媽媽對兒子的牽掛。

我是女人，我相信！

我聽從垃圾婆的請求，沒有告訴她那官運直升的兒子，他母親曾是在怎樣的生活中守著他的。可我也再沒有去過他的官府，因為，我心中的垃圾婆讓我無法走進他家那扇大門。

從此我也知道了垃圾婆的「富有」——那是一顆充滿了愛的女人心。

第五章　孤兒院裡的母親們

朦朦朧朧中，只見兩座被地震擺弄過的樓房的殘壁上夾著一個女孩子！那，那不是我的女兒嗎？

頭髮擋住了她的臉，殘牆夾住了她的下半身，但從她身上胸罩的顏色、式樣還有極力掙扎的上半身動作中，我憑著母親的直覺知道那是我女兒！

台裡的小姚住醫院生她的小寶寶，我跟幾個同事相約去看望她。夢星也很積極，這對她來說是個「感性認識」，她還從來沒進過產房呢。等我們大包小包買了紅糖、參須（滋補血氣）、豬蹄、鮮魚（幫助下奶）、母雞、水果（有助恢復體力）什麼的趕到醫院時，小姚的父母和公婆都來了，禮物鋪滿了她的單人病房。小姚看上去並沒因爲生寶寶而顯得疲勞，也許是生了一個兒子的緣故吧。

據說小姚原先不是住單人病房的，她同另外七個產婦合住一大病房，那生產前陣痛的喊叫聲、生產後的血腥味，把那個最神聖的生命誕生地變成了一個「戰場」。小姚幾次要求她丈夫爲她換一個自費單人房，他都推辭了；後來她丈夫聽說她生了一個兒子，立刻跑到住院部爲小姚付高價換了一個單人病房以示獎勵。

我們在這個面積不大但是陽光很充足的病房裡，各自找了一個依靠點，開始了女人那滔滔不絕的話題。我極不善此道，從不知在身旁細小的家庭事務中去發現女人的大哲理。我不喜歡談自己的生活，那是一個沒有完整家庭的經歷，童年沒有在父母身邊，成年後有兒子沒家——女人沒有家能講什麼家事呢。

我隨手揀起一張包裝紙，開始疊一隻小兔子，我很喜歡疊兔子。

一會兒，走廊傳來一段對話：

「……太冒險了，不行，不行。」一個男聲，語氣很低，但是很堅決。

「我不怕，我只想體驗女人的經歷。」女人的聲音聽起來高得多。

「你不怕，我怕。我可不想我的孩子沒有娘。」男人有點急了。

「我自己不生，那叫什麼娘？！」女人顯然是沒耐心了。

「可你知不知道，你的情況不能——」他的話被女人打斷了——

「那不是百分之百的不可能！我就是想自己……」

聲音跟著男人和女人走了，可是這段對話留在了我心裡。

□

在這之後兩、三個月，我接到一個喪事請柬。我覺得很奇怪：第一，在中國雖然辦喪事很鋪張，但很少邀請陌生人；第二，赴約地點不是殯儀館也不是火葬場，而是一個大酒店；第三，請柬上懇請赴約者帶一個男孩子的名字。

我如約帶著一個名字「天匙」參加了這個喪事。男主人抱著一個剛滿月的寶寶接待著來賓，她的妻子因難產去世了。當男主人知道我是欣然時，他聲淚俱下地問我：爲什麼他的妻子那麼傻，明明知道她自己生產會有生命危險，可她還要去「體驗女人的經歷」？難道體驗女人的經歷就那麼重要麼？甚至比命還重要？

這，這難道就是我聽到對話的那對男女嗎？天哪！她眞的是以生命的代價去體驗女人的經歷了？我又一次爲女人的追求而震撼！我沒有驗證我的猜測，沒有必要，因爲我也是女人，我理解。但是毫無疑問，男人不理解。那位男主人問我有沒有什麼方式理解女人，知道她們想什麼。這使我明白了女人的世界不是單行道，她們有自己追求的方向，也需要被了解。

我不知道那個男孩子是不是用了「天匙」這個名字。可我希望他是一把上天賜予的鑰匙，爲他的爸爸打開男人跟女人之間的那扇門。

□

我開始尋找一種可行的交流方式，以便讓更多的男人女人在交流中感知對方。那個喪事的形式給我了一些啓發，我走訪了幾個大企業爭取他們的資助，我把我經歷到、看到和聽到的女人故事講給他們聽，我把讀者的信帶給他們看，我也把那些等待回答的問題提給他們，使他們感覺和融入每天也發生在他們生活中的情感。

九二年初，我到天津開會，會議期間，我們參觀了七六年大地震後重建的唐山市。旅途中我聽到了一個特別孤兒院的故事，我決定去看看那兒的女人和孩子們。預約採訪的電話中，她們對我表示熱烈歡迎。

這次的採訪，讓我深刻認識到「母親」的偉大。

□

孤兒院位於唐山市郊區的一個軍人休養所旁邊，據介紹是當地的駐軍幫助修建的。走進一圈矮矮的小木柵欄跟那提腳就可逾越的矮植物叢，孩子們翻牆越室的吵鬧聲引導我走進了一個母子的世界。這是一個沒有社會編制，沒有上下級，沒有公章，也沒有辦公室的一個孤兒院；有人說這是一個沒有男人的家，幾個母親和十幾孩子們，每一個母親都曾是自己孩子的母親，每一個孩子原來都曾有家或父母，可現在兩方都沒有了自己親生的孩子和媽媽。

那天，孩子們都在院子裡活動，媽媽們在廚房爲孩子們包餃子，我到時她們用沾滿麵粉的手歡迎我，紛紛告訴我她們如何喜歡看我在女性雜誌上的專欄文章，媽媽們穿著來不及脫下的圍裙，陪同我參觀了這個特別的孤兒院。

媽媽們跟她們各自的五、六個孩子，住在一間一間條件十分簡陋但很溫馨的大屋子裡，那是一種在中國北方常可看到的居室：室內的半間屋子是炕，這是一種由磚或土坯砌成的床，冬天時，床洞裡面可以生火取暖；晚上，家中成員都一起睡在這種床上，白天把被褥捲放到一邊，然後放上一張小矮桌，那便是全家人的活動區兼飯廳了。炕之外的另一半，擺放著衣櫃、沙發、茶几用來做待客區。在這些大屋子裡與往常人家所不同的是室內被孩子們的興趣裝扮得五彩繽紛，每個屋子都有自己的佈置風格和自己的故事，唯一相同的只有三樣東西：一是一個大鏡框裡面擺滿了在這個孤兒院住過的孩子們的照片，張數不多，可充滿了愛；二是一幅自製的畫，畫上只有一隻大大的、噙著淚的眼睛，瞳仁上寫著兩個字：未來；三是一個本子上面記錄著孩子們的來歷，那是他們的生平依據。

媽媽們非常自豪自己的「孩子」，據說這是這個孤兒院唯一的不可調解的「敵我矛盾」。這些母親對孩子的介紹，讓你覺得身臨一個兒童博物館！

而我想知道的是母親們自己的故事。我不知道我將要翻開悲壯的一本畫冊……一九七六年七月二十八日，北京時間淩晨三時四十二分五十三點八秒，中國東部河北省的唐山——豐南一帶，發生了八點二級強烈地震。幾位目擊者都告訴我，唐山這座中國華北巨大的經濟生命體，地震後卻幾乎看不到一根直立的煙囪，看不到一座完好的建築，看不到一條可通行的道路，只有那一望無際的支離破碎！這座百萬人口的工業城市在頃刻間夷爲平地。在那個失去了近三十萬生靈的黎明，使我的採訪者們成爲了悲劇中的母親。

第一天，我只採訪了一位母親姓陳，她曾是一位隨軍家屬，有過三個孩子。我跟她一邊給孩子們下著餃子一邊談著：

欣然：陳阿姨，您還記得那天發生的事嗎？對不起，我知道那是很痛苦的回憶⋯⋯

陳：没什麼，你不想，天天也在眼前！從那裡走出來的人，我不信他們會忘記，他們能夠忘記？我不信，那是你根本不可能忘憶的景象！

那「可怕」來得太突然了，一切都在似眞似夢中發生的。那天凌晨，我是被一種奇怪的聲響吵醒的，我聽到一陣轟鳴的火車聲，自己彷佛在夢中對自己說：「誰把火車開回家了」。就在我想喊時，我看到同臥室另一半我丈夫睡的床連同那半間房一下子塌陷下去，緊接著，房子那邊的三個孩子的臥室就跟演舞臺戲一樣，分隔地暴露在我的眼前：大兒子驚得目瞪口呆坐在床上發呆，二女兒哭叫著兩隻手伸向我這邊在求救，而最小的兒子還在睡夢之中！一切發生得那麼快，眼前的一幕就眞的像幕布一樣一下子落了下去！我嚇壞了，但又以爲自己在做夢，我對自己說：「醒醒，這個夢太可怕了！」可我沒「醒」。我又用手使勁兒掐大腿，腿很疼，可我還是沒「醒」，一急之下，我拿起睡前放在床頭櫃上的小剪刀對著自己的腿就扎！一陣劇痛和腿上的血讓我明白了那不是夢，是眞實的呵！我的丈夫和孩子們都掉入了深淵！那時我完全沒有反應出那是地震！我發瘋了般地喊叫著，可沒有人聽我的，周圍是一片磚牆倒塌，家具破裂的聲音！我的孩子們哪！我永遠永遠無法忘記我的三個孩子在我眼前消逝時的場景：老大愣愣地坐著，二女兒絕望地伸出手臂向我求救，而那天眞可愛的小兒子還在睡夢中……天哪，就在霎那間，我被奪走了丈夫和兒女！我永遠忘不掉，我拖著血淋淋的腿站在家的半邊，面對那變成大坑的另一半家欲哭無淚，痛不欲生。我的孩子們……

欣然：對，對……不起，陳……阿……姨。

陳：沒什麼，近二十年了，每天凌晨我都彷佛聽到火車轟鳴夾雜著我那三個孩子的哭喊！眞的，幾乎每個黎明！有時我太恐懼那個聲音，就早早跟孩子們一起睡，枕下壓個小鬧鐘，三點以前鬧醒自己，然後坐到天亮。要麼就是四點以後再睡！可幾天之後我又會嚮往那種恐怖的聲音，因爲那裡面有我的孩子們！我的孩子們……

欣然：現在您有了這麼多孩子在身邊，是否感覺好一些呢？

陳：好多了，特別是晚上，我看著他們睡覺的樣子，心裡總是一種說不出來的撫慰。我常常拿著孩子的小手把它放在我的嘴邊吻著，謝著，我謝謝孩子們讓我活著。

□

第二天早晨，我在天津賓館的夢中聽到了陳阿姨所描述的巨響和孩子們的叫喊聲，我渾身冷汗，從夢中驚醒！陽光透過窗紗溫柔地灑落在室內，不久，窗外傳來上學的孩子們嘻弄的聲音。

平安眞好。

那天會議結束得很早，我謝絕了天津朋友的宴請，匆匆坐火車趕往唐山那個孤兒院。我採訪的第二位母親姓楊，楊阿姨是在食堂掌管孩子們的伙食。我去時，她正在幫著爲孩子們開飯。短暫交談了幾句後，她領我去她的小房間談。

楊的小房間很小，但有一張很大很大的照片，幾乎佔了一面牆。那是一張放大了的照片，由於放的倍數太大，看上去像一張畫在格子中的藝術畫。這是一位女孩子的照片，年約十四、五歲，大大的眼睛有一種把你吸進她瞳仁的神情，微微張開的嘴好像在說什麼。我似乎覺得那雙眼睛中有我的盼盼……

楊坐在床邊，正好倚在照片上女孩子的臉，她說：「這是我的女兒，這是她小學畢業的照片放大的，我也只有這張照相片了！」

欣然：她看上去很漂亮。

楊：噢，那是眞的，從小她就在幼稚園，小學、中學演節目，做演講代表。

欣然：噢？那她一定也很聰明。

楊：我想是的，雖然不是班上的第一名，但從未讓我操過心。（一邊說一邊用手撫摸著相片上女兒的臉）。快二十年了！她離開我快二十年啦，我知道她不想走，她十四歲了，她懂事了，她知道生死了，她不想死呀！

欣然：聽說地震後她仍倖存著的，是嗎？

楊：可那比一下子震死要可怕多了！十四天，她清清楚楚地在十四天中走向她自己的死亡！十四天又兩個小時，她一步一步地看著自己走向死亡！可她只有十四歲！

欣然：對不起，楊阿姨。

楊：（抽泣……喘息……）沒，沒什麼，欣然。你想像不到那是一個多悲慘的場面，孩子的神情我永遠永遠無法忘記！就在這眼神裡，就在這微微張開的嘴裡呵！（楊深情地凝視著照片上那張嘴。）

欣然：楊阿姨，您忙了一天了，太累了，我們下次再說好嗎？

楊：不，不要，我聽説你很忙，你是專門來聽我們這些母親的故事的，我不能讓你白跑。

欣然：没關係，我有時間，我可以……

楊：別説了，現在我講給你聽。那年我丈夫剛病故僅一年，我跟女兒一起住在一個單位分的公寓的頂層，那是五樓，只有一間屋子，廚房和厠所都是公共用的，就是人們過去説的「筒子樓」。屋子不大，母女倆倒也不覺擠，因我怕熱畏冷，所以我住在內牆邊，孩子住在邊牆側。那天凌晨轟鳴聲和巨烈的震動驚醒了我們，女兒大聲叫著我，同時想下床到我這邊來，我也想站起來看發生了什麼。但我根本站不住，身體無法保持平衡，而且好像一切都傾斜了，向我這邊倒，那感覺和發現不過是幾秒鐘的時間。緊接著女兒那側的邊牆嘩一下不知哪兒去了，我和女兒一下子就暴露在五層樓上的邊緣。那是大熱天，我們都只穿著褲頭胸罩，女兒「呀」的一聲把雙手抱在胸前護住身體，可還没等她反應出羞澀，那原來倒向我這邊的傾斜面，又忽然向她那邊傾斜過去，一下子把我女兒甩到了外邊，掉了下去！

我一邊抓住牆上一個衣鉤，一邊大叫她的名字，可一切都在幾秒鐘內發生。待我感到那晃動停了下來，待我在傾斜的地面站穩時，我想到了這是地震！女兒呢？她在哪兒？我發瘋般地尋找下樓的路，跌跌撞撞，邊跑邊呼喊著女兒的名字。那時我没有意識到我没穿衣服，實際上，所有活著的人也都和我一樣穿得極少，甚至是露體，可没有人想到這些，人人瘋狂地逃命，尋找親人，半明半暗中的天色中，一切都在哭天喊地……我扯著嗓子問人可看見我的女兒，沒有人理睬我，其中有人也問我是否知道他們親人在哪兒！每個人在喊在叫，誰也不知道別人在喊什麼叫什麼？

不知過了多久，人們喊累了，就連餘震帶來的晃動也疲倦地停下來了。漸漸地，恐怖的慘狀把人們推入了一種靜默！什麼聲音都沒有。我不敢走動，生怕自己的步子會搖動這剛剛停止顫抖的地面，大家輕輕地站在原地一動不動看著：毀壞的建築、被折斷的水管、被掀開的地面、散落在各處的屍體，還有那仍在散著煙霧倒塌的房子，天沒有太陽也沒月亮，不知道是幾點，甚至懷疑自己是不是在人間？

欣然：哦，那恐怖眞的不是人世間的。楊阿姨，你先喝點水！

楊：水？對！過了不知多長時間，我覺得渴了，想喝水，可那時哪有水呢，那喊得冒煙的嗓子疼得如刀割。「水……」不知誰微弱地提起這個生存的問題，這時有幾個中年男人從人群中走出來，對大家說：想活，大家得互相幫助及時組織起來。我想他們說得對。這時，天已發亮，一切更清晰也更慘不忍睹地展現在人們的眼前。突然，不知誰大喊一聲：看那兒，那有一個活人！朦朦朧朧中，只見兩座被地震擺弄過的樓房的殘壁上夾著一個女孩子！

那，那不是我的女兒嗎？頭髮擋住了她的臉，殘牆夾住了她的下半身，但從她身上胸罩的顏色、式樣還有極力掙扎的上半身動作中，我憑著母親的直覺知道那是我女兒！「小——雲」我又喜又悲地狂喊著。喜的是女兒活著，悲的是看到她夾在空中掙扎的慘狀！「小——雲」、「小——雲」，我的嗓子已發不出聲，可我仍拼命地喊。顯然小雲沒有聽到，她也無法從人群中看到我，她只是在動，她想從夾壁中拉出她的身體！直到我意識到我的聲音孩子根本聽不見時，我才放棄了喊叫。我一邊擠向那殘樓下，一邊用手勢用嘶啞聲音告訴人們，那是我的女兒！

聽到這兒，我喘不過氣來，我無法想像一個母親如何受得了！

楊：廢墟擋住了我走向女兒的路，我爬不上去，更走不向前。旁邊的人明白了我們是母女，開始幫助我試著攀上斷壁救我女兒，可那牆至少有兩、三層樓高，又無工具可借助，誰都上不上去救孩子的。我用力抓著那牆，欲哭無淚，喊著女兒。我徹底啞了，可憐的女兒也沒看著我們這兒，她一心想掙扎出險境！一些女人開始幫我喊女兒的名字，很快一些男人也加入了進來，最後幾乎每個人嘶啞著在喊：小雲——小雲——

小雲抬起頭，用左手撥開臉上的亂髮，她在尋找。我知道她在找我。她一臉困惑。這時，我身邊有個聰明人開始推開我旁邊的每個人，開始我們都不明白他在做什麼，但很快人們從他的舉動中知道原因，並自動配合他從我的身邊向後退去，把我留在一個很大的空地中間，使我很清楚地顯示在孩子眼前。「媽，媽。」小雲用手向我揮動著，聲音響亮地喊著！「小——雲」我回應著，可聲音太小，我舉起雙手向孩子揮動以示交流。

我後來聽別人說，這時許多在場的人都是泣不成聲，淚流滿面看著這娘兒倆！

楊：我不知道我們呼叫揮手了多長時間，後來有人走過來讓我坐下，但依舊留下那空間讓小雲看到我。孩子也累了，歪著頭喘息著。現在，我一想到這兒就想，爲什麼孩子在那時沒有讓我救她，她一聲都有沒喊「媽媽救我」，一聲都沒有！

欣然：您說的十四天又兩小時，是從那時開始的麼？

楊：對，有人對小雲喊，現在是早晨五點半，一會兒有人會救你下來的！

欣然：他想安慰孩子，讓她堅持！

楊：是的！可時間一分一秒過去，一切都好像在固態中，沒有人來救援。

欣然：那是人們還不知道唐山發生了如此大的地震。

楊：後來我也聽說，是有人奔跑到北京報了信，人們才明白失去了聯繫的唐山遭到了如此大的災難，國務院也才調集救援物資和人力。

欣然：我也聽說是這樣，而且，那個報信的逢人便講唐山有大災難，並要求幫助，可很多人以爲他是瘋子！

楊：七六年，那時有幾個常人呢？那麼大一個城市，三十萬人沒了，居然都沒有人知道，那時咱中國的落後眞是可想而知了！我也想，要是先進些，可能也不會死那麼多人，三十萬哪！小雲也許就能活下來了！

欣然：救援的人是什麼時候到的呢？

楊：我也說不清，只記得第一個趕到的是解放軍，他們跑得滿頭大汗，可沒有人喘口氣。有兩個戰士在手中繩勾的幫助下，攀緣那殘牆，那牆似乎隨時都會倒塌似的。我看著他們一步步移向我女兒，簡直無法呼吸！我生怕稍有閃失，那兩個戰士連同我的小雲都會被埋入廢墟。我怕死了！

一陣很長的靜默，讓人感受到楊在當時看著女兒那生死一線的恐懼！

楊：第一個跑到小雲身邊的戰士，脱下自己的軍上裝，爲小雲套上，小雲只有左手是自由的，所以衣服只能像藏袍那樣半穿半裹；另一個戰士給小雲餵了幾小口水，孩子看到有人來救她，一下子才「哇」一聲大哭起來。兩位戰士沒有多說一句，開始用手扒小雲身邊的磚石，很快，小雲的右手也抽出來了，但好像是血漬斑斑的，那一定是傷痕累累的。可不知怎地，那兩個戰士停止了挖掘，小雲也楞了，我急得要命，大聲問他們發生了什麼。可我喊的聲音太小又啞。一會兒，一個戰士從那上面下來，走到我身邊，他比劃著兩隻血淋淋的手告訴我：小雲的下半身被卡在牆體的鋼筋水泥板中間了，他們用手實在扒不動。我驚訝地問他，爲什麼他的手上都是血？他把手向後一背說，他們規定接近人身時不可用工具，因爲怕傷著被埋在磚石中的人。

事後我知道，有些戰士雙手手指甲的肉都扒掉了！他們包上布仍在努力，有的戰士幾乎是瘋狂般地邊喊邊挖，因爲他們常常能聽一那些廢墟中的呻吟和求救聲，可心有餘力不足，而大型救助設備因道路被徹底破壞而又根本上開不進市區，多少生靈在等著「活」呵。又有多少生靈在他們的眼前消失了！

欣然：聽說小雲非常堅強是嗎？

楊：眞的，眞的是這樣！以往我的小女兒很弱，被小樹枝劃一下都要大呼小叫，看到血就嚇得臉發白，可在那最後的十四個多小時中她那麼堅強，還高聲安慰我說：「媽媽，我麻了，一點也不疼！」可你知道事後救下來的屍體，小雲的雙腿支零破碎，已無法認出那是一雙人腿了！修復屍體的人說骨盆都擠裂了！要眞的麻木了孩子倒也好受些，可十四天哪能，就那樣活生生熬著、挺著上半身在風風雨雨中！十四天哪！我一分一分算過。

這時人們開始用各種辦法，不分晝夜設法救小雲，可那麼樣高的廢墟、牆壁！在衆人的幫助下，我終於爬上那殘墟，抱住了我那可憐的小雲，戰士們用一些雜物爲我堆了個座鋪，讓我能坐在那兒長時間摟住小雲的上半身。噢，你知道當我摟住她那柔弱不堪的上半身時，我的心都要碎了！那麼冰冷，那可是大夏天呵。

頭幾天，小雲在白天還能與我談話，用手比劃著講故事。可是，第四天以後她越來越弱，漸漸連頭也抬不起來了，雖然每天有人送上食物和救急補品，以及爲她做治療護理，可她那仍夾在牆壁體中的下半身，一定時時在流血甚至創口惡化著。越來越多的人關心著小雲的命運，可人們無能爲力。整個唐山都毀滅了，救生物人員設備根本不夠，而且，運送的物資也無法穿越那些把人們送進地獄的道路！小雲，我可憐的女兒……

欣然：楊……阿……姨！

楊：她好慘啊。最後幾天，我想她可能知道她已沒指望了。人們編造了許多藉口幫助她延長她對生命的期盼和對抗死亡的力量！第十四天的上午，一直無力地依在我懷中的小雲，突然撐直了上身對我說：「媽媽，我覺得用你的那些藥起作用了，我身上有點勁了，你看！」看到小雲直起身，關注了她十幾天的人們都鼓掌歡呼起來！我也以爲奇蹟發生了。小雲看到大家爲她興奮時，蒼白的臉上竟泛起了紅暈，磨難了十四天的身體也彷彿被注入了活力，小雲大聲謝謝大家，回答那些關心她的人提出的問題。

後來有個人提議小雲爲大家唱首歌，衆人都拍手贊同。開始小雲還有點羞澀，可大家像啦啦隊一樣喊著：「小雲，唱一個！唱一個，小雲！」小雲終於弱弱地點了點頭，輕輕響起來：紅星閃閃放光彩，紅星閃閃照心懷。那是一首在那個年代人人都會唱的歌，所以很多人附和著小雲一齊唱起來，在荒涼的廢墟中響起了歌聲，在歌聲中好像人們看到了希望，看得出很多人臉上顯出了多日不見的微笑。可是在歌聲中我的女兒卻慢慢地陷進我的懷中⋯⋯

（將近一分鐘的沈默）

在那以後，小雲再也沒有醒來。我以爲她睡了，可她竟永遠睡去了，連最後的一句話都沒有告訴媽媽，人們的微笑是她在人世間最後的感覺。小雲走了，等我們感到她不是在睡覺時，已無回天之力了！可當醫生告訴我，小雲已離開我時，我沒有淚也不感意外，在十四天零兩個小時中，我的心被慘痛風化了！只是又過了四天，人們把小雲開始變質的屍體徹底挖出時，我才放聲大哭！我那僅十四歲的女兒留存在人世的是一個怎麼慘狀的軀體呵，那是我身上掉下的肉呵，我疼，我疼呵！

欣然：對不起，楊阿姨，對不起！

楊：可憐的孩子，長到十四歲，只看過三個電影、八個樣板戲，連女孩子的漂亮裙子和高跟鞋都没見過……

欣然：那是中國人自己的歷史鑄造的遺憾，我也是從那個時代走來的女孩子，我就幾乎没有青春亮麗的經歷。

楊：毀人呵，那樣的文化大革命眞毀人呵。有人説這是天報應，報應誰呢？我没有做過傷天害理的事兒啊。報應中國人麼？爲什麼毀了我的孩子？

在照片上女孩子的注視下，我很難邁出那小屋，我感到她在説：「不要讓我媽媽孤獨！」那時，我很想摟住我的小兒子。

□

幾天後，我再次抽出時間回到這個孤兒院，這次我採訪的是她們的院長，她姓丁。

丁是一位在軍隊工作了近十年的女勤務軍官。她在唐山大地震前一年，隨病退的丈夫舉家從西南回唐山安家養病，在大地震中失去了女兒，而兒子又因外傷致疾，老伴在悲痛中心臟病發作猝亡，從此她帶著失去雙腿的兒子在政府的照養下相依爲命。頗有天賦的殘疾兒子自學了會計，所以當幾位母親商量辦孤兒院時，丁的兒子義務幫助孤兒院管理的財務。我去採訪過後不久，他因創口感染惡化身亡。

我曾想不要再揭開丁記憶中失去女兒那悲痛的傷疤，而去採訪她兒子，可她兒子說他那時太小，記不得所發生的地震，而母親也從不告訴他姐姐去世的眞正原因，他只隱約聽別人說地震後他姐姐並沒有死，但是後來不知道爲什麼自殺了！他很想在母親那兒核實所聽到的。可每次說出第一句話，母親就止住話頭，所以他什麼也說不清。無奈，我只好採訪丁院長。丁答應了，可她提出等到國慶日放長假我能再次來時接受我的採訪。

那年的國慶正值週末。節前的一天晚上我剛到唐山，丁便主動給我打了電話，約我節前去聽她的故事。

欣然：聽說，你家在地震中並沒有失去家人是嗎？

丁：是的，可倖存下來的都是災難！

欣然：您丈夫一定是看到女兒的不幸而痛苦致死的吧？！

丁：是的，我也差點走了，是我那腿殘的兒子留住了我，我把自己想成了是這個孩子的一部分，一個必須的部分，才挺住活下來了。

欣然：您女兒自殺的原因是……

丁：這是一個至今只有三個人知道的原因，我丈夫，我女兒，和我。

欣然：噢？

丁：對！那也是因爲唐山的地震。那山崩地裂，樓倒屋塌，人死物亡的情形你一定聽了不少，我不必再多説了。地震的餘震還沒消失，我和丈夫就從我家那快要倒塌的房子裡出來了，可我們發現，兒子女兒住的屋子就像被強風掀破的紙片般散落在四周，孩子們呢？由於我們的休養所臨近有一個軍用機場，所以我們很快得了機場部隊的救助。我兒子很快被挖出來了，可他的雙腿已被建築預製構件砸得稀爛，就像你現在看到的從膝上方就被切除了，多虧搶救及時，否則那麼熱的天，他的雙腿創口一下就會感染危及生命的。可我們的女兒兩天過去都沒有挖到，我覺得我當時近乎要瘋了！我天天看見那些殘缺不全的人被挖出抬走，死的殘的傷的，幾乎看不見一個完整無缺無傷的人！

在我幾乎絕望的時候，有個人告訴我：「機場的跑道上運來了許多傷號，你可能可以在那兒找找你的女兒。」可當我趕到機場時，我呆住了：那長長的幾條跑道上，並列著四、五排的人中躺滿呻吟的傷號！我仔仔細細從那死傷人員中辨認我的女兒，我想這些人送來時一定都是活的，但有些人因來不及救護而死去了。我發現辨認工作太難了。

大半天下來，我才走了不到一條半跑道，直到天黑了，沒有燈光我實在無法進行了，便回到機場部隊爲我們提供的大帳篷裡休息，準備天亮時再去找女兒。帳篷裡已有很多人睡在那裡，既無男女之分也無貧富之別，只要有個空地便有人倒下即睡，人們太累了，白天在期盼的支撐下不吃不喝地狂奔尋找，所以一旦停下來，人就立刻如垮了一般。

就在我倒頭要睡時，不遠處傳來兩個男人的聲音：「幹嘛？還不睡？」「我想那小妮……」「還想那小妮呀。」「不是想那事，我只是想那小妮被扔在那兒會不會死掉。」「唉，我還眞沒想到這個呢！」「咱幹那事也夠缺德的了，要是人家再有個三長兩短。」「你什麼意思？想去看看她？要走，就快走！咱回來還能有地兒，要不，睡在外面淋雨去呀？！」男人的談話聲不大，但對我來說感覺像一個徵兆。我尋聲看去不禁大吃一驚：兩個男人的其中一個的短褲兒上露出了一節兒彩線……那不是我女兒紮頭的繩子嗎？我不相信有這麼巧的事，更不想相信他們談的是我自己的女兒，可我不能放棄任何丁點線索。所以，我衝過去劈頭便問那彩線哪兒來的？兩個男人支支吾吾，我更加懷疑，我喝問他們那女孩子在哪兒，他們嚇得一邊用手指著遠處跑道邊的溝壑，一邊向另一方向逃跑。我來不及多問，更沒想到要抓住他們，心裡只想要確認那是不是我的女兒。

我順著兩個男人指的方向一直跑，跑到溝邊，我聽到一陣很輕弱的呻吟，黑暗之中，我看不清出聲的地方以及出聲的人。這時正好走過兩個巡邏的士兵，他們拿著手電筒在查看那些等待待救護的人，也防止有人趁機不法。我請他們為我照一照那個有呻吟的地方。微弱的手電筒光下，一個女子赤身露體在溝裡。這時，我的心情十分矛盾，又盼著是女兒，又怕是我女兒。待兩個戰士幫我把她抱到跑道上時，借著稍亮一點兒的燈光我發現，就是我的女兒！

「小英，小英」我大聲地叫著她的名字，她癡癡迷迷地看著我毫無反應。「小英，我是媽媽！」小英還是沒有回答。忽然間我看到她身體的下身又粘又濕，我無法確認那是什麼。我來不及多想，慌忙將戰士脫下來了的衣裳爲她穿上，可奇怪的是小英卻把穿好的褲子往下拉！

我問她爲什麼？她不說話只閉著眼哼哼，孩子太累了，很快就睡著了，我也迷糊了好一陣。天亮時，一陣飛機的轟鳴把我吵醒，我一看身邊躺著的小英，便愣住了：小英正癡笑著向下拉自己的褲子，而她的雙腿下身全是血！天哪！這時，我突然想起了那兩個男人的對話！小英是不是被他們趁機強姦了？

而我的女兒小英，一個活潑水靈的女孩子因此瘋了！醫生說她受到了太大的刺激，而且也明確告訴我和丈夫：小英被輪姦了！我只聽到這一句，便眼前一黑，昏了過去；再醒來時，丈夫握著我的手淚流滿面！我們相視無聲，流著淚：女兒被糟蹋，瘋了，兒子雙腿沒有了，我們的後代竟如此悲慘！

欣然：請問，小英沒有送去治療嗎？

丁：是的，每個人都想應該把小英送去治療，可我們太傻了，不懂她是在怎樣的刺激中失常的，而恢復後是否會有恐怖。所以我們把小英送進了醫院。可萬萬沒有想到，兩年半後開始恢復記憶的小英，竟在我計畫第二天迎接她回家開始新生活時，她在醫院的病房裡上吊自殺了。她留給我的一封信上說：「媽媽爸爸，對不起，我無法活下去了，你們不該救我，恢復的記憶只有崩潰的一切和幾個男人對我的施暴，這個世界留給我的只有這些，而我無法天天活在這些場景之中，我走了，我想記憶太可怕了！」

欣然：小英那時有多大？

丁：只有十六歲，她弟也只有十一歲。她父親聽小英自殺和讀那封信後，揪著自己的頭髮，說是他害了孩子，可你知道這不是他的錯呵。那一夜他很晚沒睡，我困乏極了，便睡著了。等我再醒來，她爸爸的身體已冰涼了！他的神態非常痛苦！醫生出示的死亡證明是痒發性心肌梗死。

欣然：（幾乎喘不過氣……）噢，丁院長，很難想像您怎麼受得了這份打擊？

丁：那使你理解「滅頂」兩個字的意義！

欣然：所以您不想讓你的兒子知道是嗎？

丁：他已有了身體傷殘，要是再承受精神、情感上的傷殘怎麼受得了？我是走到了今天，可眞的不勇敢。人前我是個強者，可只有自己時我常流淚到天明，爲自己的女兒、丈夫、兒子，也爲自己悲傷。思念壓得我無法喘氣！有人說時間能淡漠一切，可爲什麼，我就淡不下來呢？

□

採訪這些故事中的每一位母親時，我都哭了。在乘火車回家的路上我一直在哭。

我回到盼盼身邊，親吻著他的小臉時，我的淚水混雜著我的慶幸和愛憐。

我提筆寫下她們的經歷時，又哭了。待我校對這份手稿時，我仍舊在流淚。

我眞無法想像她們有多麼堅強。她們活著，被時間帶到了現在，可那過去的一分一秒中她們得對抗在死亡留給他們的場景中那日日夜夜都得承受的喪失兒女的悲痛記憶。那不是以個人意志能轉移的痛苦：人聲、孩子、家庭，甚至一針一線、一筷一碗、一滴水、一團火，都會把她引入亡靈的音容笑貌之中。可她們得活著，她們得走出亡靈所拉住的記憶，回到現實，這需要多麼大的勇氣啊！這時，我才明白了爲什麼孤兒院每間屋子中都有那幅自製的畫，那隻大大的、噙著淚的眼睛，瞳仁上寫著「未來」的眼睛。她們沒有把愛只留給她們記憶中的孩子，她們沒有把母親的慈祥封鎖在對孩子的記憶中，她們也沒有浸泡在痛苦的淚水中等待著同情。她們用母親的偉大、她們愛人跟孩子的撫血金，爲那些失去家庭父母的孩子又組合了新的家，她們以母親的責任、善良和愛心，彌補著那些孩子生活中的遺憾。她們以她們自己所經歷的一切跟所做的一切，證明著中國女性的優秀及女人的可愛。

我把這集節目播出後，僅在五天內我就收到了七百多封來信。有的人在信中請我代他們我問候那些母親，有人寄來了現金請我為孩子們買些禮物；有位母親告訴我，她為她跟孩子之間能有這樣美麗的人類關係而欣慰；有個女孩說她第一次感到想擁抱她的媽媽；一位男孩子說他離家出走幾個月了，聽完節目後他決定回到父母的身邊請求他們的原諒；還有大學生問我那個孤兒院是否需要人手……

我的辦公室幾乎成了一個大信箱，每個人的桌上都被這些信鋪滿了。門邊的一隻大紙箱裡，裝滿了送給孩子們和那些母親的禮物，來自老陳、大李、夢星、小姚、老張……以及許許多多不知名的捐贈者。

第六章 信仰，在政治以外

你信佛嗎？
噓！小聲點兒。我信佛，家裡老人講，有什麼信什麼，信比不信好！
您也信西方的宗教嗎？
有時也信，特別是年底。

金帥提出的問題一直在我心裡，也在我節目裡。同時，我又想：中國女人的生活是以什麼作爲信仰和哲學的呢？

一天，我問同事老陳和大李這個問題，以他們之見，「除了政治的信仰」之外，中國女人的還信什麼？我必須這樣問，那是一個一切以黨爲第一的時代。

老陳說：「中國女人很容易信教，而且信的神有三、四個呢。有些信氣功的女人，家中氣功大師的像也不斷在換，神仙也都是變來變去的。這不能怪她們，生活的艱辛逼迫著人們尋找出路。所以說中國人從古時候信天、信帝、信佛、通道到信天主、信耶穌、信上帝、信默罕默德；到了現在信毛澤東、信共產黨；信來信去都是因爲窮得難活。中國人有幾千年的歷史，可沒有自己源宗的信仰，皇帝、領袖就是神，可這些神變來變去，變得中國老百姓個個都得信，老百姓是百信，也可以說什麼都不信。特別是比男人實際多了的女人們，她們搞不清哪個神有靈，哪個神有用，所以她們是有神就信，信總比不信好。」

我知道他說的是眞的，可很多宗教的教旨之間是對立的，水火不容的呀。

老陳好像看透了我的心思：「什麼容不容，我想女人沒有幾個眞正懂得宗教信仰是什麼，大多是趕趕時髦，追著別人，怕自己不信會吃虧。」

眞的，歷史上中國女人所過的日子曾有多難？我覺得，那些匆匆走過的文人墨客是很難把那情形描述清楚的。現在仍有很多中國女人生活在貧寒、被歧視、無情無愛之中，要是她們不信點兒什麼，以此來安撫她們自己那孤獨無助的日日夜夜，她們又如果能夠對抗她們命運中那麼多的磨難？

大李的看法是：女人信的東西最多，信什麼的都有。有時一家人幾處香火，各供各的神，特別是八三年以後，說是信仰終於自由了。可那些磕頭拜神的，大多都是求神給錢、給好處。大李有個鄰居，一家五口把個家搞得像個宗教大觀園似的。兩個老人一個信佛，一個通道，所以香火不斷，煙薰火燎，爲此總跟媳婦吵架；她女兒信耶穌，把家中最亮堂的地方擺個大十字架，老太和老頭講是在咒他們老人早死；夫妻倆，女人信什麼功，男人講信財神，一天到晚女人講男人是錢損了她的功德，男人講女人的邪氣沖了他的財。這一家人的幾個錢全都是忙著作法事，請神符地花掉了，可也沒看到這家人富起來，也沒看見這家人活得比別的人好，連起碼的家安都沒有。大李想，他們自己也不知道再該信什麼了。

大李又說，他認識一位女老總，據說看了不少經書，她坐在臺前開會時講共產黨是中國唯一希望，下來又告訴人們不能不信佛，人有因果報應；一陣風來了，她又會講哪個功夫眞的神奇。她單位的女同事說，她常常是外套上別著一個共產黨員的徽章，內衣上別著一個佛像，胸罩上還別著一個大藏密功張祖師的頭像！三個信仰互不搭，一股腦兒被她攬合在一起了。大李怕我不信，又加了一句：「她可是年年是勞模，次次是優秀共產黨員，屢屢上報的人物啊。」

我順嘴說了一句：「共產黨的眼神有時也不太好啊。」

在一旁的老陳急了：「欣然，小心，這可是掉腦袋的話。」

「都什麼年代了，怕什麼！」我覺得老陳活得太累。

「怕什麼？五幾年黨號召『百家爭鳴，百花齊放』。結果，『大鳴』的一個沒漏地都進了監獄；『大放』的都放到窮山村去了。因爲自己的日記被批判、坐牢的還少麼？幼稚！」

老陳畢竟很善良，否定我之餘加上一句：「以後那些信仰之類的事少議論，做新聞的人別當朝石頭上碰的雞蛋。」

但是，我眞的認爲這是一個有趣的問題。如果說，法律和社會制度是一個國家或民族行進中的航道，那麼，信仰跟宗教或許可稱是它們的調度或導航塔吧？在過去近半個世紀的中國，眾所周知沒有可超越共產黨指導範圍的宗教，而信仰則被視爲「迷信」。中國人在貧困和掙扎中找不到可以爲他們解釋現實和幫助他們展開未來希望的力量。所以改革開放以後，一部分中國人生活在自己的精神盒子裡；一部分中國人則生活在連自己都不信的迷茫中；而更多的中國人是什麼都信，只要有，他們都會自己找理由去信。難怪有西方人解釋「中國老百姓」這個詞時說：「在中國，老百姓老百信，老是百依百信。」中國的老百姓眞的是什麼都信嗎？那麼中國的女人信什麼呢？

於是，我對此問題做了幾則採訪。

□

時間：一九八九年十一月　地點：鄭州市綠城廣場

被採訪者：一位退休女幹部。她那一身沒有軍徽肩章的軍裝，標誌著她曾投身革命的經歷，而她紅潤發圓的臉，讓人知道她生活在一個不低的階級地位，可她開口說話時，你很難確認她是否受過教育。

欣然：請問，您有信仰麼？

女幹部：當然，我信共產黨，不過我也信氣功，也練氣功。

欣然：信氣功也是信仰嗎？

女幹部：當然，沒有信，就沒有用。

欣然：你現在煉什麼功？

女幹部：芳香功啊。

欣然：這個香功跟別的功有什麼不同？

女幹部：香功是意念傳香受功，健身強體。

欣然：傳香？你練功時聞到過香味？

女幹部：當然，大家都聞得到。

欣然：在香功以前您還學了什麼功嗎？

女幹部：我也站過鶴翔樁。

欣然：鶴翔樁跟香功有什麼不同？

女幹部：意念要求太高，我常常走神，所以，我想我做不好，香功簡單多了！

欣然：您在學鶴翔樁以前，您相信什麼功？

女幹部：那個時候……，可能是甩手健身法。

欣然：就是那種每天甩手，靜思守意念的操嗎？

女幹部：對呀，我每天早晚各做兩次。

欣然：有用嗎？

女幹部：好像有用，不過不如紅茶菌有用。

欣然：你也喝過紅茶菌？爲了治病？

女幹部：那時人人都說喝紅茶菌有助健康長壽，所以我情願信其有。不過，喝了紅茶菌，胃口好多了，人也胖了！

欣然：你聽說過打雞血的事嗎？

女幹部：聽說過。那時我還年輕，覺得不太有用，不過我媽媽專門從鄉下帶回來兩隻童子雞爲我們打雞血，可事後殺吃時才發現有一隻是母的。所以，我想我現在老是嘮叨可能同那隻母雞血有關，哈哈！

欣然：你信佛嗎？

女幹部：噓！小點兒聲。我信佛，家裡老人講，有什麼信什麼，信比不信好！

欣然：您也信西方的宗教嗎？

女幹部：有時也信，特別是年底。有人說那基督耶穌就是那個聖誕老頭，說不準眞的到你家幫你呢！

欣然：基督耶穌就是那個聖誕老頭？

女幹部：對呀，你太年輕當然不知道了。

欣然：（我好不容易忍住了笑）可您一定是黨員，那是不能再信別的呀？

女幹部：我們都說：在家信你的神，幹什麼都行；在外信黨的，做什麼都小心。哎，你可別跟其他人說我剛才講的，言多必失。我可不想老了再讓人整我一下。

欣然：您放寬心，我不會讓您因此受難的。

女幹部：說是這樣說，這種年代誰相信誰呀？好在我退了也不會再影響什麼了。

基督耶穌與聖誕老人相提；氣功跟共產黨並論，這種混淆不清的概念在中國各種文化程度的女性中很普遍。還有「這年頭誰信誰」，這是在近些年來被中國「開放」的一句話，而其所產生的年代應該是一九六五到七六年的文化大革命。這句話在一九八〇年已被當作座右銘送給了中國一代代的後來人，所以對於現代的中國年輕人來說，尋求信任是一件很難很難的事。而更何況那神聖的信仰了！

□

時間：一九九〇年夏天　　地點：自鄭州往南京的火車上。

被採訪者：一位女乘客，她看上去有五十來歲，很善談。上身古銅色的金絲絨對襟外衣，襯托著她閃閃發光的金項鏈，那是一條顯得十分昂貴的項鏈，如果是眞的話，恐怕有好幾十克，下身那條黑長褲，在她起坐時的一平不摺讓你感到了她的事業似乎也是什麼褶皺也沒有的。

欣然：您剛才跟那幾個人説四川香火很旺，是指燒香拜佛嗎？

女乘客：對呀，那裡無論是大寺小廟還是家庭、飯店，都有很多佛龕供台，供奉著大大小小各種神靈。

欣然：那您信不信呢？

女乘客：信呀，幹嘛不信？

欣然：那您是信哪路神靈呢？

女乘客：我信的很多，但最信觀世音。

欣然：爲什麼？

女乘客：觀音菩薩實在，送子，壓驚，鎮邪，賜高興，都是實事！

欣然：那財神不是更實在嗎？

女乘客：信財神的人總是很貪心，他們心不淨，我也信財神，只想請他保佑我的財運！

欣然：你什麼時候開始信觀世音的？

女乘客：當然是文化大革命以後了。這以前大家都是無神論者，大家只信毛澤東一個人！

欣然：毛澤東畢竟不是神。

女乘客：可我覺得他不比神小多少，要不然爲什麼那麼多人都神經分兮舉著他的紅書天天喊「毛主席萬歲」，他說一句話，人們就都得上大街去跳舞慶賀。可現在有多少人爲自己的神有這麼大勁兒？

欣然：您說觀世音菩薩實在，她給了您什麼利益和好處呢？

女乘客：那可不是你能看得見，說得清的。俗話說啦，天機還不可洩呢。至少一點，你信了就覺得有神靈保佑你了，起碼睡覺前你向她磕過頭，你就不怕鬼來敲門了。

欣然：您怕什麼鬼？爲什麼鬼要敲你的門？

女乘客：哎？做生意的哪個人不怕鬼啊!?

我在與這位女乘客說再見時，我突然想，那些被稱爲鬼的員警家裡有沒有燒香拜神呢？

我後來的探訪證實：中國很多員警都信神，可他們不都信一樣的神，而且，很多的員警也怕鬼，可我不知道他們怕的鬼是什麼。

□

時間：一九九一年四月　地點：中國南京市太平南路基督教堂正門口

被採訪者：兩位二十歲出頭的姑娘。甲是一位穿著新潮的女孩子，一頭秀髮黑亮，披撒在兩肩。乙的衣服無論是質量或式樣就差多了。頭髮捆成了一個傳統的馬尾辮。

欣然：你們信基督嗎？

甲姑娘：我沒有信，只是聽人家講滿有意思的。

欣然：什麼「意思」呢？

甲姑娘：世上那麼多人信基督耶穌，我想應該有點兒意思唄。

欣然：那，還有很多人信伊斯蘭教、天主教、佛教呢？

甲姑娘：搞不清楚。

乙姑娘：眞的搞不清楚，反正好像女人到了四十歲就得信些什麼了。

欣然：噢？你認爲女人到四十歲就得信些什麼嗎？爲什麼？

乙姑娘：不是我說的。你去看麼：教堂裡，寺廟裡那些祈禱、燒香磕頭的都是中年以上的女人。

欣然：你們認爲這是什麼原因。

甲姑娘：什麼原因？男人苦錢，女人苦命唄。

乙姑娘：我外婆說她小時候也不信，可後來信教以後，很多事不煩了。我媽也說信教以後她也不再想跟我爸吵嘴打架了。這可是眞的。以前他們吵得地覆天翻的。現在要是我爸一發火，我媽就到十字架前祈禱，我爸爸看她走開了，也就不講話了。

甲姑娘：女人不能幹什麼大能耐的事兒，信信教總比打麻將好吧？

欣然：打麻將能與信佛相提並論嗎？

乙姑娘：不是並論不並論。我媽也說，什麼都不信的人是活一天算一天的人，有今天沒明天，所以只要有錢就去快活兒，那點錢又不夠旅遊，又不夠吃喝，只好打打麻將，連車票也不要買，說不定還能贏點兒錢。

欣然：那，信教的女人呢？

甲姑娘：信教的人就不同了。

乙姑娘：很不同，信教的女人會讀讀經書，參加一些教事活動，而且還可以幫人做點兒事。

欣然：那你們四十歲以後會信教嗎？

乙姑娘：我不知道。

甲姑娘：要是有錢，我就不信，要是沒錢，還這麼窮，我會信的。

欣然：那你會去信什麼教呢？（轉向甲姑娘）

甲姑娘：那要看我老的時候流行什麼教了！

□

時間：一九九一年四月　地點：北京雍和宮

被採訪者：一位背包上插著導遊小旗的小姐，她正在選香準備祈禱，她手中的香告訴我，她寄予這裡很大的願望、吉祥、幸福、發財、避邪。

欣然：看來你很信這裡供奉的神？

導遊小姐：我什麼都信！信上帝、信佛、信聖母，都信。神、佛各家在我看來都是一家兄弟姐妹！

欣然：可每種宗教都視其他教爲邪教呀。

導遊小姐：那是……那是。咳，你想，創建宗教那時候各大教間彼此不溝通，通訊不發達，互相不了解，其實大多數宗教的內容是雷同的：眞誠待人，不行惡，尊老養小，不計人之過等等的。對不？

欣然：你每天做祈禱嗎？

導遊小姐：不每天做。

欣然：什麼時候做呢？

導遊小姐：哪個教的節日或是活動日我都會去做祈禱。

欣然：那你有那麼時間嗎？

導遊小姐：時間倒是佔用的不多，只是付的貢奉可不少！得，我得進香去了，再見！

「神、佛各教都是一家兄弟姐妹！」這在那些沒有認眞讀過經書而只知道追求宗教利益的中國女人中，是一個非常流行的「信念」。

□

時間：一九九五年七月　　地點：北京師範大學

被採訪者：一位中年女講師，單調的色彩表明她也許是一位很遵紀守法的教師。

欣然：聽說您練了一段時間的法輪功了，這是一個很新的功吧。您說，法輪功講的究竟是什麼呢？

賈老師：嗯，是個新功，現在練這個功的人還不多。法輪功說世界有三個宇宙。人以品質、德行爲界，被分劃在三個世界裡，第一界就是法輪功的掌門人李大師，第二界是修行出衆的神靈：上帝、菩薩等等，第三界是一般人活著的地球。法輪大師說，咱這地球算是一個垃圾站，人們因或多或少的罪孽被投放到這個垃圾站來。李大師是一個拯救人類的神，他要在這個垃圾站自爆之前把人救出去，他救人不是靠咒語或魔棍，而是幫助人們修行，讓人們從「眞善忍」中去修煉自身的功業，以得到升天的資格。我想這眞的很有道理，至少能讓人們不能不加思考地去做壞事。我想，修行好的人就會有一個無形的法輪在轉，而且幫助人們從法中獲得戰勝恐懼、死亡的力量！

欣然：你見過這樣的法輪嗎？

賈老師：我沒親眼見過，但我想，那是一個看不見的無形的意識法輪。

欣然：爲什麼有些醫生講，一些人因認定體內有法輪甚至自己剖腹去找，最後死了呢？

賈老師：我想，什麼功都有走火入魔的時候，那個人一定是沒有文化或者是練錯了。

欣然：練錯了？像電影裡的武俠似的，練功練錯而導致自傷，對嗎？

賈老師：對，我想正是這樣。

欣然：你從什麼時候開始修煉法輪功的？

賈老師：從一開始就練了，有七、八年了吧。

欣然：（據我所知，這時距李洪志創建法輪功還不到五年）那你認爲您的德行如何呢？

賈老師：我認爲不錯，別人都說我善，忍是我的天性，眞是我的原則。

欣然：我聽說你也信奉上帝是嗎？

賈老師：當然。

欣然：可法輪功大師不是說要是你練法輪功，你心裡就不能有別的神靈麼，那上帝和李洪志你到底信誰呢？

賈老師：……

欣然：這不是選擇，這是一個人人得決定的「信」吧。

賈老師：……信……信……信上帝吧。

後來，法輪功風靡一時，諸多中國人「旋轉」其中，據說其中女性佔有相當大的比例。我很想知道，那些已處身於其他信仰中的女人是怎樣解釋——也許該說是怎樣解決——這「信仰的矛盾」呢？

□

時間：一九九六年二月　地點：深圳街心公園

被採訪者：一位在假期中的女大學生，她正在看一本雜誌，附近一些老年男女在跳舞、練功。

欣然：這麼早你專門來這兒看雜誌麼？

女大學生：不，不是。我陪媽媽來做操。

欣然：她是在練一種功嗎？

女大學生：不是，就是一種老年迪斯可，每天早晨她都要來。說來也怪，老了，每天還想著跳舞。

欣然：你問過你媽媽，她跳舞的理由是什麼嗎？

女大學生：她說她年輕的時候光顧著革命，什麼也沒玩過，現在得補補，再說也是一種身體鍛鍊。

欣然：爲什麼她要你陪著呢？

女大學生：我媽逼我起早來舞兩下，說是保持好身材，女人才會有好男人愛！

欣然：眞的吆，我倒沒有聽說這樣的說法。

女大學生：我媽媽關於女人的理論多啦：什麼從小要多吃黃花菜可以腰細，走路要腳跟一條線，這能保持臀部豐滿、走路優美，還有女人要多飲水，保持皮內水分，還用蔬果貼面，以保證皮膚的維他命。多著呢，

欣然：你媽媽一定信點兒什麼吧？

女大學生：她什麼都不信，只信她的老公！

欣然：噢，你爸爸有這麼大的魅力？

女大學生：那是，他們結婚二十多年了，我媽只信我爸的。

欣然：那你爸爸信什麼呢？

女大學生：我爸說，中國人沒有可以信仰的東西。太多的門、鎖關著那些神，想去打開鎖，走過那些門去太難。所以他說，就「信」讓你們的女人不離開你，給你一個好家就行了！

欣然：你同意你爸爸的說法？

女大學生：一半一半，好家不只是女人給的。信神靈就別怕，怕就不要信，沒有什麼可阻擋你的。其實，人信這信那都是爲自己的怕找藉口。就像那些人借著什麼上帝、菩薩的精神爲自己找理由做事一樣，想做好人，不用信什麼，做就是了！

欣然：你從來沒有過有信仰的朋友嗎？

女大學生：沒有，只有一個老師，我知道她信，可學校批了她幾次，她根本不理睬。大家說：

她走火入魔了。

欣然：這個教師言行不正常嗎？

女大學生：太正常了，讓人都不相信這年頭會有這樣的老實人！

「就『信』讓你的女人不離開你，給你一個好家就行了！」我想，這雖然不屬於一個信仰，卻是中國人的情感世界中一個許多人嚮往和追求的一個目標。據我知道，中國的男人女人以情相識相守的不多，改革開放後的男人女人們在找，在想，在試，這是一條淚與血的路。

□

這時，我讀著兩本書：約翰・葛瑞（John Gray）的《男人來自金星，女人來自火星》（*Men Are From Mars, Women Are From Venus*），和潔玫・葛睿爾（Germaine Greer）的《女太監》（*The Female Eunuch*）。可我覺得裡面幾乎沒有一九八〇年以前中國大陸女人敢想敢信的東西。

第七章 同性戀印象

從她的童年到進入社會的二十幾年中沒有人眞正愛過她，因爲沒有人眞正給予她思想、知識和呵護，還有那身體的幸福，所以她愛這個女人！可女人告訴她，她不愛濤宏，因爲她有愛人，她的愛人是一位大學女講師，因車禍亡故多年了。

我那時很喜歡我的工作，不論是本職的還是社會上的；不同的環境，不同時代的人，不同的階層，不同的風俗習慣，不同的文化，打開了我的視野，薰陶了我的知識能力，也豐富了我的經歷。但是有一件事是我極不願意做可又不得不做的，即每一周我們都必須有兩到三次的政治學習。那時，我們得學鄧小平的改革開放的觀點和江澤民的政治爲經濟服務的理論，我們還得反覆理解新聞爲黨所用的意義和原則；同時也從未間斷過對周圍同事錯誤行爲的批判，諸如主持時報錯了領導人的順序、評論時沒有把握好黨的宣傳要領、上下班不準時、對長者不尊重、談物件不向組織彙報，以及男女生活作風不正什麼的。那時候我常想，中國似乎仍在文化大革命的慣性中滑行著，從那個時代造就出來的領導者們似乎不知道若沒有這些政治的內容中國該怎麼辦；而平民百姓中不使一部分人受到指責批判，另一部分人就無法獲得成就感。

老實說，我一直沒能學好這些對我來說是太大太大的政治，我從這些政治學習中只記住了一句話：「黨領導一切」。而我從同事們所學到的銘言是：「幹新聞的越幹膽兒越小！」自從我獲得開設熱線電話的權力之後，「面對面」的交流使我走近了中國女人們的故事；同時我也親自體會到了那些銘言的「威力」。

□

那天晚上，我的節目進行了過一半，只剩最後一個聽眾電話了。通常我會留出十幾分鐘放一些輕音樂，伴著音樂，爲聽眾選擇一些人生哲理、抒情散文或是自己對節目的感受，以幫助我的聽眾從那常常是熱烈或是痛苦的話題中慢慢走出來，並能感悟一些人生的美好，以安詳的睡眠迎接新的一天來到。那天，我照例接通最後一位聽眾的電話：

「欣然，你好，我是安徽馬鞍山的聽眾。你的節目使我思考了很多，也對我和許多女人有幫助，謝謝。今天我非常想知道，你是如何看待同性戀這種社會現象的？爲什麼那麼多人歧視同性戀者？爲什麼中國要把同性戀劃入違法？爲什麼人們不理解同性戀者與每一個社會人一樣有同等的權利和生活方式的選擇？爲什麼……」

天哪，這可是個禁區的話題！我的汗一下子就下來了。

我們電臺的直播室都是由裡外兩間組成的，一間是直播間，有設備、音樂資料和主持人用的播出台，另一間是導播室。由導播人員在那裡轉接熱線電話，控制對答延時器（爲防止聽眾說出違禁話而設，一般可延時約十幾秒鐘）並記錄節目播出情況。可今天的導播怎麼了？怎麼沒有及時卡掉電話？而且我必須回答這個已發射上了天的問題，我不能在那千千萬萬人的等待中說：「這是政治問題，這是嚴禁討論的話題。」我的主持人責任使我不能不回答這個問題，而我的新聞紀律又不准談這個問題，何況還有近二十分鐘的節目又沒有說時間不夠的理由！

那位聽眾的質詢還在繼續，顯然她抓住了這個千載難逢的機會！而我的導播還沒「聽」到出問題了。我一邊輕輕推出一段柔和的音樂以緩和那位聽眾所製造的火藥味，一邊快速翻閱大腦中關於同性戀的知識、政策，又一邊捕捉那位聽眾質詢中有機可乘的問題。

大約半分鐘左右，我從監視窗中看到導播拿起了一個電話，一下子她的臉部表情大變，竟在驚恐中不顧規定一下關掉了熱線！而那女聽眾正說著：「既然說合理的事物具有生命力，自古代西方羅馬到東方中國唐宋幾代，至今同性戀都在發展延續。哲學的論點認爲，存在就是有它合理的成份，可在中國卻爲什麼說同性戀不合理不合……」

我播放出的音樂輕柔柔的，但化不掉她問題的尖銳，而且我知道很多人還會因這種問題與回答之間的間隔越長而他們的思考蕩開的越遠越深。這時我看到值班主任沖進了導播室，他用對講機對我說：「小心呵，欣然！」

小心？怎麼小心呢？這可不是個小心就能解決的話題啊。

在音樂播放了一分多鐘後，我必須打開話筒了：

「您好，收音機旁的朋友，您現在收聽的是江南電臺的廣播，現在爲您播放的是晚間熱線節目，主持人欣然，在直播室通過我們的兩部熱線正與收音機前的朋友共同探論女性的世界。有人說，每天晚上的十點到十二點你可以在空中聽到女人的故事，看到女人的心，感悟到女人的情，我想這便是我的節目。」

我力圖用一些間奏語拖延一下時間，同時也好把我的回答整理出個一二三的次序。

「剛才我們接聽了一位聽友的電話，我相信她有不少社會、歷史的知識，而且她也很了解一部分女性不同尋常的生活方式。她談到了一個問題，也是我們女人中的一個問題，這就是同性戀。

「據我所知，同性戀正如她所說的，並不是現代社會的產物，而是在古代的東西方歷史中都有過記載。如古代羅馬在他們的征服戰爭中，統治者們甚至鼓勵士兵進行同性戀，我想對此情形與其說是承認贊許，不如說是利用，因爲在軍隊的士兵中鼓動同性戀行爲可爲統治者解決兩個問題：一是他們不必爲那些士兵的家人負責而使士兵減少厭戰念家情緒，二是一旦士兵們進入同性戀情，那戰爭中的傷亡者必將成爲生存者復仇的激素，而復仇本身所增加的鬥志恰恰是統治者所需要的。這無疑是殘忍的，當你愛一個人而眼睁睁看著他倒在血泊之中，這對每個人生來講都是最慘痛的，而利用人們的慘痛去獲得戰鬥力不是一種殘忍又是什麼呢？

「在中國，其實不止在唐宋，早在後魏時期都有過同性戀的記載，而且是從皇室開始的。可我也發現，就整個人類發展史來講，歷史上關於同性戀的記載都是斷斷續續的，似乎都沒有延續很長時間，爲什麼呢？這值得思考。我想，人類有男情女愛天性的需要，也有人類繁衍的需要，而更多的可能是自然規律的需要，不是說『物競天擇』嗎？

「我想大家都同意，每個人都有選擇生存方式的權利，也都有以個人願望去性愛的權利。然而，我們共存於這個社會，我們都屬於各自的國家，我們人類在走向完美制度的過程中，每個國家，每個地區，每個民族都在尋找自己認爲最好的方式走向人類的未來。因爲是尋找探索，所以都無法定論是非過錯，這也是人們說人類進步就是否定過去過程的原因。所以我們得以『允許、寬容、等待』的態度面對我們尙不理解的某些問題。這位聽友，你說是嗎？

「我想，此時你一定還在收音機旁，對嗎？你也一定想知道聽友們對您的看法有什麼樣的反應，我現在就可以告訴大家：若您有興趣這個話題，若您認爲您具有獨特見解也想談出來，請來信告訴欣然。我的地址是南京市江南電臺，郵遞區號×××。若是您在信封左下角畫一個星星的符號，以提醒我及時拆閱這個話題的來信，我將感謝您的合作。相逢不易，相知更難，可女人需要交流跟了解。對嗎？」

又是一段音樂，我記得好像是月光小夜曲，我伴著音樂，接著說：

「說到歧視，我想，第一是，不會所有的人都歧視同性戀者，這是毫無疑問的。第二，同性戀者中很多人羞於公開承認自己是同性戀者。爲什麼？因爲有些同性戀者從社會的視聽中，從行爲的比較中發現了自己的不同。不是所有的特殊都是令人興奮和自豪的，所以有些人的自我心態就到了地底下，而站不到大家共同的地面上，自然他們也會誤認別人的目光總是向下的。第三，我以爲同性戀者的形成是多種因素的，不單是遺傳，也不單是家庭中的行爲逼迫而致，更不只是好奇。每個人來自不同的家庭和生長背景，有不同的朋友和人生感受，雖然人生方向選擇相似，但一定是各自不同的。所以我也不同意，簡單地就講同性戀者所受到的社會輿論應該或者是必得與我們不同，況且，不同也不是歧視的原因。

「在這裡，如果說這些同性戀的朋友曾受到了歧視，請允許我代表那些大意的人說一句：對不起！這個世界人人都需要理解。對麼？

「最後，讓我送給這位聽眾和她的朋友們一首〈讓世界充滿愛〉，我願人人都能感受到生活的美好和可愛。」

推上了這一支充滿理解、溫情的歌，關上了話筒，我鬆了一口氣。

突然，我發現導播室裡站滿了大大小小的頭兒！就在我關上話筒的同時，台長和主任衝了進來，抓住我的手，使勁地握：「謝謝，謝謝你，欣然！你回答的非常好！」台長的手心濕漉漉的。

「你可、可幫了大、大忙了，否則大家都、都是一條線的螞蚱，誰、誰也跑不了！」節目主任的手顯然還在微微發抖。

「別再嘮叨了，走！我請客。」說這話的是辦公室主任，辦公室主任就是電臺的管家。

事後，那天的導播告訴我，她一點也沒在意那位女聽眾的電話內容，只在一心想著家裡孩子考大學的事兒，直到值班主任來電話，她才大驚失色！忙亂中又慌忙「卡」掉了電話，結果又造成了播出事故！天天在家聽我節目的辦公室主任，憑著多年搞廣播的經驗知道我的節目進了「雷區」，他趕緊給節目部主任打電話。知情不報可是錯上加錯，所以部主任又趕緊通知臺長！於是，害怕跟責任兩個因素逼得他們連夜趕到了直播室，當然，路上也都在聽我那檔節目以觀察事態的發展。然而，收聽的結果令他們感到越來越遠離那「地雷區」了，一身冷汗的人們來到直播室時，已釋重負！

□

第一次聽到同性戀這個詞，是在大學。因我年輕時的皮膚細潤，所以有「蛋白」、「雪球」之類綽號，而同伴們（清一色娘子軍）會常常觸摸我的臉頰和手臂。記得有一次有位教員看到後逗我說：「你小心同戀者的攻擊！」攻擊這個詞我是知道的，地面攻擊，空中攻擊，海上攻擊，政治攻擊等等，可什麼是同性戀攻擊呢？我不懂。加上本來大家都說我「開」得太遲，甚至有人懷疑過我是不是石女（那只是有女人一切形式而不具有女情感器官的女人）。

看我懵頭懵腦，教員就說：「同性戀就是女人愛女人，男人愛男人，那可是犯法的。」

「什麼？女人愛女人，男人愛男人是犯法!?你瞎說！媽媽愛女兒，爸爸愛兒子是犯法？」我一下就找到了「鐵證」。

「那是血緣親情，不是異性情愛戀。唉，跟你說沒用，等於對牛彈琴，算了算了。」教員對我無可奈何。

第二次聽到同性戀這個詞，是從母親跟幾位幾十年前的老同事聚會中旁聽到的。媽媽有兩位女同事從年輕時同住一個宿舍，後來條件改善了，單位給她們各自分了一間房，可她們拒絕了那個很多人盼望已久的福利，依舊同住一室。但兩人以姐妹相稱，出入與常人一樣，所以當時並沒人多慮。她們的同齡者們都忙著戀愛結婚，養兒育女，接著是爲第三代新一輪的操勞。於此同時，男情女愛，夫妻磨合，家庭間人員關係把她們折騰得筋疲力盡。等到人近晚年回首往事時，才發現那兩個女伴活得輕鬆自在，又羡慕又嫉妒，那年輕時沒顧得上的議論和揣測紛紛在這時顯現了，於是得出了一個結論：她們一定是「同性戀」。

雖然老太太們極力總結她們同性戀的「罪行」，可我卻感到了那兩個女人的聰明和輕鬆，她們沒有女人圈中的煩惱，沒有對男人的怒氣，沒有因孩子而永遠不淨的牽掛！更沒有老了之後那女人們的「苦大仇深」！也許同性戀不壞，是一條人生好路吧？可為什麼說它違法？我不理解。那時好像也沒人可問。

我曾「抖著膽」問過一位婦科主任關於同性戀的問題，她以極詫異的目光看著我說：「你怎麼想起問這個？」

「我只是想知道她們與別的女人有什麼不同？」我也不明白為什麼她是婦科醫生卻奇怪我的問題。

「她們與正常女性沒什麼不同，只是心態和性行為有差異。」婦科主任輕描淡寫地說。

「她們不算正常的女人嗎？要是一個女人的心態與性行為與女人有差異，她們還算作女性嗎？」我窮追不捨。但結果仍是霧裡看花，我想她一定知道但不願講，也許不好說吧，這是中國。

第三次聽到同性戀這個詞，是在參加社會治安的一次特別行動時。那天接到通知，參加全市的一次治安行動，而他們行動的地點非常奇怪，是那些大大小小臭氣薰天的男廁所！組織行動的市領導一看到我就皺眉頭說：「怎麼電臺來個女的，搞錯了吧？唉，既來之則安之吧。欣然，只好委屈你做追蹤報導而不是即時報導了。」

他的話引起哄堂大笑，可我還沒明白爲什麼有這「時差」。「行動」開始後我徹底明白了：他們突擊查訪男廁所，查捕那些在男廁所裡進行同性性行爲的人！我覺得他們是不是太小題大做了，那麼多偷搶的壞人還抓不過來呢，又哪來那麼多同性戀在同一時間在公共男廁所裡做愛。不可思議的是，他們當晚竟抓到了一百多人，按這個比例算，中國有多少同性戀？我不敢想了，也不知道他們是以什麼爲依據判定同性戀行爲的。

行動快結束時，我呆頭呆腦地問一個治安人員：「你們也有人負責糾察女廁所嗎？」「女人怎個查法？開什麼玩笑？」他搖著頭看著我，一臉的疑惑：哪來這麼個笨記者？「女人怎個查法？」引起我了一種興趣，那可是我從來沒有涉及到的話題，也是我知識的沙漠。回去，我問節目部主任，可否在女性心理節目中探討同性戀話題。主任沒聽完我話便大喊：「唉，欣然，你不想幹可以，我可不想丟官呢！你玩什麼新鮮？你看看我這手邊不離的文件。」他從寫字臺的玻璃板下抽出一份文件遞給了我，那是一份禁播內容的名單：有宗教、性愛、政府要員、海外媒體、司法；同性戀竟在社會問題分類中名列前茅，難怪主任大叫大喊呢。

□

讓我眞正了解同性戀這詞所包含的內容的人，正是那天打進熱線的女聽友。

在那次同性戀話題的電話之後的一星期左右，下了節目回家的我好不容易有了些睡意，突然一聲電話鈴響，誰在這深夜兩點多打電話來呢？

「欣然，您還記得我嗎？應該記得住誰給你出了一個大難題吧的？同性戀的問題。」

是她？天哪，誰把家裡電話給她了？

「嗨，欣然，我知道你在想什麼，別埋怨你的值班編輯。我說我是你從北京來的親戚，剛下火車就被偷了包，連電話本也被偷了，我得讓您來接我。好心的值班編輯就給了我這個電話。怎麼樣？我還可以吧！」

「可以，可以！」我嘴上說了兩個可以，而在心裡又加上了一個「眞夠可以的」！

「請問您有事嗎？我記得你，你好像是馬鞍山的，對嗎？」

「對，我知道你不會忘記我，你累嗎？」她在電話中很興奮。

「嗯，有點累，您有什麼事？」我出於禮貌言不由衷，其實我快累死了！

「你累，我就不說了，明天你下節目後我再給你打電話。」她說完就掛了電話。

明天，她明天還要來電話，我有點頭疼了。

第二天我幾乎忘記了這個電話和這個聽眾，可就在回家後不到一小時，電話果眞響了。

「欣然，今天早點兒是嗎？請放心，我不會多說的。我只想告訴你，我很謝謝你在節目中爲那些人對同性戀者說對不起，也謝謝你送我的那首歌。我知道你懂什麼是眞感情，半年前有人介紹你的節目讓我聽，我第一次收聽時就感受到了這點，我相信我的直覺。半年下來，你的節目也證實了我的正確，好，不說了，晚安！」

她又在我說話前掛掉了電話。

就這樣，一連三個星期，她每天都在同一時間打來電話，或是講當天節目的感受，或是提醒我生活常識，或是提供給我一些書、音樂的情況以供節目之用。話也不多，兩分鐘左右，可從不給我講話的機會，也不告訴我她的名字。

有一天下節目後已是凌晨一點左右，我剛到電臺門口，我的一位鄰居站在那兒等我，告訴我是我的小阿姨在午夜十二點敲開了他家的門，說有個可怕的女聽眾晚上在我上節目時給家中打電話，質問她半天，然後對她說：「你應該離開欣然！」口氣冷酷得怕人。善良的小阿姨害怕發生什麼事，所以請那位男鄰居來電臺接我。

夜裡，準時，電話又響了，這次我拿起電話便問：「今天晚上你來過電話了？」

「對，我跟你的朋友通話了，我告訴她，她應該離開你！」她非常的坦然，讓人心驚！

「爲什麼？爲什麼你這樣做？你不應該這樣。」我有點生氣。

「怎麼不應該？你不能被她佔著，你應該屬於更多的女人！」她的口氣充滿「開導」和「指正」。

「聽我說，要是你想同我交流看法、探討生活，很好，我非常樂意。要是你傷害我的家人朋友，干涉我的生活，那我可無法再跟你交往下去，這是我的原則。我不干涉別人，別人也不能干涉我！」我用非常冷的語氣說了這些話。

「……，我聽你的，可你不能中斷我們的情。」她一下子變得很傷感。

「我們的情」？這，她不會是愛上我了吧。對呀，她應該是個同性戀者呀！這個發現讓我很發愁。我的小阿姨說應該採取什麼方法制止她再下去，於是我們決定過晚上十點之後不接電話，以此斷了她的念。一連幾天過去似乎風平浪靜，我以爲這事如同以往那些追星族們所製造的情形一樣，只是一閃而過，不必擔心過多。

□

一天下午，臺長讓我去他的辦公室：「馬鞍山電臺一位叫濤宏的女主持人自殺未遂，她父親寄來了她的遺書。絕筆中她說你拋棄了她，而她愛你愛得那麼深……」

什麼？什麼？電臺節目主持人？我拋棄她？自殺？一個女人在愛我？

我想這應該是那位女聽眾了。可我從來不知道她叫濤宏，更不知道她也是電臺的主持人，當然也沒想到她會自殺。那一定是因爲我不再接聽她的電話了。

「她父親說，她被搶救醒來的第一句話就是：我一定要見到欣然！」主任讓我暫時不上晚間的熱線節目，也要我自己小心，以防萬一。

在這之後的幾天裡，我在工作中，在家裡，常常會想濤宏在哪裡，在路上還是在哪兒等著我呢？我覺得她正朝我走來。事實證明她眞的正向南京「走來」。

一天下午，我正在策劃部開會，一位主持人進來告知有人找我，我請他先把客人迎到接待室。我隨後到了那裡，來人是一位男子裝扮的女孩子，淺灰夾克、深灰西褲，外面是件同樣深灰的長大衣，一條乳白色的長圍巾襯托得整個人眞有些男人的英俊，從後邊看你絕不會想像出她是一個女子。幫我招待的主持人見我進來，剛要介紹雙方，只見她一下子走到我跟前，用兩隻手撫摸著我的肩頭激動地說：「不要說話，讓我來感受，我一下就感覺到了這是我的欣然！」

「你的欣然？」那位主持人問。

我呆了！那位主持人非常聰明，他知道濤宏的事。他悄悄走開，我猜想他去搬救兵了。濤宏看著我還在激動：「你比我想像中的還好，那麼女人，那麼柔。我終於看到你了！來，坐下，別站著，讓我好好看看你！半年多了，我一直沒有來，因爲我要從每天聽到的節目中以及在我的心中了解你，認識你，在我的心中感受你的存在。我要呵護你，讓你快樂，讓你知道女人之間那世上的最聖潔的快樂……來，坐好，坐舒服點，別直在那裡……

「你說得對，女人是人類的造物者，女人使世界美麗，女人使世界有柔情，女人有最純最潔的肌膚，女人是這個世界上最優秀的生命……」

濤宏滔滔不絕，這時我看到四、五位主持人走進接待室，裝成訪客，坐在我們不遠的地方聊天，他們在保護我。

濤宏全然沒在意這些，繼續興奮：「你看我給你帶什麼來了，這是書。書中的畫都是女人，你看那肉體多麼性感。你看這幅，那目光那嘴多迷人！這書是我專門給你帶來的，你可以留下慢慢看。你看我還給你帶來了什麼，這不是一般的按摩器，它會使你很快有性興奮，性高潮。還有這個，當我用這個在你身體上這樣撫摸時，你很快能進入夢想，如臨仙境！你看你的眼神爲什麼充滿了疑慮？相信我，我愛你，不會害你的……」

天哪，我歷來認爲沒有情感的性行爲是動物行爲，可我眞不知道人類的這種天性中也充滿了「人造」的機制，況且還是針對我而來！我爲此感到噁心與尷尬，那些「客人們」卻正在悄悄偷聽偷看那些性工具。地上沒縫，要是有，我一定下去了！

濤宏像上足了發條的秒針般喋喋不休：「借助現代工具，是爲更好地實現古代祖先的未酬之志和未盡之情……」

她可眞能講！我決定打住她，但我知道得用她接受的方式，否則她會失控的，她太激動了。我看她手中拿著一疊印刷品好像是宣傳品，我想分散她的注意力：「濤宏，這是什麼，你怎麼沒講這個？」

「哦，你看，我知道你一定會問這個的。這是個同性戀協會的綱領，你聽說了嗎？我們原計劃召開一個中國同性戀大會，飯店、會務一切都準備好了，可是被政府取締了。不過不要緊，形式上沒進行，但要做的我們基本上都做了，我們傳閱了一些組織者們起草的綱領，大會前我們利用聚餐時間通過了一些決議，交流了同性戀的生理需求以及如何更享受同性性行爲。」

我差點兒去採訪這個中國同性戀協會代表會議，就在臨出發的前一天，在市公安局工作的朋友打電話告訴我，他們將派人支援北京公安局查封一個大酒店和搜捕一些同性戀協會的「頭兒」。他說他並不知道我是否計劃採訪這次大會，只是猜測，我主持的既是女性心理節目，會不會與此有關，於是好心告知，提醒我不要撞到「槍口」上。我放下電話，有點出冷汗，那麼多人都去，有鎮壓的，有被鎮壓的，那不又是一個大血戰嗎？可不要再來一個「六四」呵。於是我立刻打電話，通知幾位我知道被邀請了也準備出席這個會議的心理專家和醫生。

那次的事態正如濤宏所說，平穩地過去了。其實這是一次公安部門非常智慧也非常成功的行動。爲了避免事態惡化，又爲了有效瓦解這個組織，員警以他們的善良利用了別人的善良，他們故意放風有這個行動，而「知情」的人便開始互相搭救，因此那些同性戀協會的頭頭聞風散開，於是那個大會也就流產了。對於同性戀者來說，他們仍舊完成了一部分計畫，但對政府來說，他們也控制了局勢。我常想中國人一定會在政治上越來越聰明的！

想到這兒，我才注意到濤宏手中資料上那醒目的標題：《口交技巧之四：利用上顎刺激交感神經》。

我差點吐出來，我眞的很難接受，如此赤裸裸地談性愛，太動物化了。濤宏注意到了我的厭惡，她耐心地說：「現在不喜歡先不要看，以後一點點嘗試，你就會發現性愛的魅力！」這時，我彷彿看見我那幾位同事在哧哧笑著。

「我想跟你出去走走。」我實在坐不住了。

「太好了，我們早該漫步街景了，多麼好的一對兒！」她關不上她的「憧憬」！

我們出了中山東路上的電臺大院，她問我去哪兒，我讓她先別問，到了再說。她更興奮了，說是就喜歡這種充滿神迷色彩的情調、並說越發覺得「欣然可愛了」！

我帶她到了雞鳴寺，那裡的鐘聲遠遠便能聽到。當我被困難愁悶所惑時，我便會到寺內的藥佛塔上去聽那隨風叮噹飄響的鐘鈴；很快就會把愁悶清理得乾乾淨淨，並幫助你尋找出信心和歡樂。我帶濤宏來，是想讓她在鐘鈴聲中感受一些什麼，我相信她會的。

她在進寺門前有些猶豫不決，不知該不該進那扇門，那是一扇不大的褚紅木門。濤宏擔心地問：「我走進去後會不會清掉我什麼？」

「能清掉的一定是無意義的，有情有意的就不會被清掉，我認爲如此。」我很眞誠。

就在她邁進那門時，鐘聲響了。濤宏說她心裡被打動了一下。爲什麼？我回答不了。若按周易所言的天地間、人事物皆有數的話，那便是濤宏的行爲集合出了一個新數或是激出了一個原定數吧？

站在藥佛塔上，我們有好大一會兒都沒有說話。再次鐘聲響起時，我問了她兩個問題：

第一個問題：她是什麼時候開始愛女人的？

第二個問題：誰是她的第一個愛人？

她在那雞鳴寺的藥佛塔上，說起了她的故事。

□

濤宏小時因家中沒男孩子，父親很自卑。可那時她母親患子宮癌動了手術，不能再生育了（後來她母親也因此而早逝）。被「絕了後」的父親既不甘心又無可奈何，於是他視濤宏爲兒子：穿著、髮式、遊戲一切均按男孩子的標準培養她，以至最後她全然不以爲自己是女孩子。她從不去公共廁所，因爲她太難決定該去男廁所還是進女廁所。她以自己這種男性行爲而自豪，那時她一點也不愛女人。

十四歲那年一個夏夜發生的事件，徹底改變了她，改變了她的男人、女人觀！

那年夏天她準備升高中，聽人說「高中是最可怕的學生時代，你的將來就由高中決定，也就是說高中的成功，便是你人生成功的第一步」，所以她決定在上高中前大玩一個夏天，然後苦學三年，力爭出人頭地。那時的大玩無非是同學聚會，打打遊戲機之類的窮開心。

那天，她玩得很晚，大約夜裡十一點才跟同學分手回家。那是一個並不遠也不僻靜的路。濤宏完全沒料想到會發生什麼，就在她離家還有幾步遠時，黑影中閃出了大約四、五個男人，不由分說，把濤宏綁架了！

她被矇住了眼並堵住了嘴，被帶到了一所即將竣工的大樓上，在一個像是工具房的屋子裡，有人打開了她眼睛上矇的布，但沒有拿走她嘴中的布。那屋裡還有兩、三個人，一共是七個男人。他們對濤宏說，想看看究竟她是男人還女人，說著，幾個大男人把只有十四歲的濤宏扒了個精光！雖然濤宏以男孩子自居，可她那開始發育的酮體使她的身體散發著女人青春的活力，那七個男人面對這樣一個女孩子的身體，臉從發白到漲紅，然後就像瘋了似的，七個人同時撲到了濤宏的身上。濤宏昏死了過去……

醒來後的濤宏，發現自己赤裸裸被放在一個大工作臺上，下身有許多帶血的粘物，七個男人七倒八歪，在她周圍呼呼大睡，有的還根本沒拉上褲子！濤宏愣愣看著這一切。那時她只來過兩次月經，那血、那粘液、那打著呼臭氣薰天的男人，徹徹底底毀了她對男人的信念！她不知道在那兒坐了多長時間。後來，她木木地挪下那大工台，渾身很疼，特別是下身。她搖搖晃晃撿起那些被扔在地上的衣服，走動中，踩到了一個男人的手，他大叫一聲，所有的男人都驚起來了。他們看著濤宏在他們面前一件件找衣褲鞋襪，又一件件穿上，一動不動！濤宏在那近二、三十分鐘艱難的行動中一聲沒吭，最後她打開門準備離開時說：

「我恨男人！」

等走出那座樓她才發現，那就是她家後牆外剛建造的那大樓。從那時起，她眞的恨男人，甚至恨她父親，她認爲男人是那樣的骯髒、貪欲、獸性、野蠻！可是她沒有改變她的裝束，爲什麼，她自己也說不清。可她從未告訴別人過所發生的這一切。

從那個事件之後，她徹底明白了自己仍是女人。濤宏開始想一個問題，女人是什麼樣的？她不認爲自己具備女人的美好，她眞的想看！

第一次嘗試，是高中班裡她認爲最漂亮的一個女孩子，她邀她到家中，說是父親出差，母親已去世，姐姐們都在外地工作，她一個人害怕，希望那女孩子幫她忙。女孩欣然應允。睡覺前濤宏講她不習慣穿內衣睡覺，女孩子有點不自在，但濤宏說幫她按摸，她也眞覺得舒服，也就接受了。濤宏說那女孩子的身體令她爲之震驚：那樣柔軟光滑，那樣富有彈性，特別是胸部和臀部，每一點的接觸都使她熱血沸騰，周身興奮。正當女孩子被濤宏撫摸得氣喘噓噓時，濤宏並沒出差的爸爸推門而入，他正要到這裡拿什麼東西，面對自己的女兒和另一個女孩子雙雙赤身裸體在一起時，他愣了！濤宏出乎意外地冷靜，拉過一條被子遮蓋住兩人的身體說：「怎麼你回來了，你不是去出差了嗎？」她爸爸一言不發地退出去了。

後來我在電話中採訪濤宏父親，他說，從那天起他知道濤宏長大了，而且長到了一個特別的人群中。他是父親，他開不了口問女兒爲什麼?他把這句話在清明掃墓時問過濤宏死去的母親，可沒有答覆。

從此，濤宏常常找各種藉口，帶一些女同學回到家中「爲她們按摩」以便感覺女人。她越來越覺得女人美妙似天仙，而在這感覺中她並沒有愛。

濤宏愛的第一個女人是在那一年半前同性戀的集會上。爲了召開這個同性戀協會的代表大會，組織者在北京租下了一個很大的飯店。濤宏和另一個比她大十四歲的女人住在一個客房，那時她們都被協會的人算作「單身」。那個女人很文靜也很友好，她跟濤宏談天，詢問濤宏參加這個協會的原由，了解濤宏爲什麼喜歡女人。她告訴濤宏，性愛是人生最高的境界，而女人的性愛是這境界中的晶體！在得知大會要被取締查封後，她把濤宏帶到另一個飯店，每天爲濤宏濤做「性培訓」，濤宏在她的性刺激中常常興奮愉悅地大叫，而濤宏爲她卻做不到她的「效果」。這個女人還指導濤宏怎樣以性愛健身並使用性工具，當然是同性戀專用的。對濤宏來講，這個女人是她第一個愛人，原因還在於這個女人爲年輕的濤宏講述了很多古今中外的同性戀史，以及做好人的原則和處世的哲理。

濤宏認爲，從她的童年到進入社會的二十幾年中沒有人眞正愛過她，因爲沒有人眞正給予她思想、知識和呵護，還有那身體的幸福，所以她愛這個女人！可女人告訴她，她不愛濤宏，因爲她有愛人，她的愛人是一位大學女講師，因車禍亡故多年了。她說她永遠不會把她的愛人從心中抹掉，更不可能用其她人替代！

濤宏很感動她的拒絕，因爲濤宏從這兒懂得了愛情比性愛更純，更神聖！可濤宏始終認爲，這個女人是她第一個「愛人」。

□

濤宏回答完我的兩個問題後，我們離開了雞鳴寺。在路上濤宏告訴我，從離開她的愛人後，她不再以性接觸來滿足對女人的嚮往，而是在尋找生活中類似那位她視爲愛人的女人，在她看來那才是眞正的好女人。她需要一條路去找到屬於她的愛人，她看書、學習各種社會知識，並於八個月前考入馬鞍山電臺當節目主持人。她做的節目也是個熱線話題，但只談對電影電視的感受。她說有一天她接到一封聽眾來信，建議她收聽一下江南電臺欣然的女性心理熱線，這才注意到我的節目。隨著她的收聽，她開始把愛人的希望放在我的身上。她希望她能得到我。

我告訴濤宏，很多聽眾知道我有一句話是：「不能給人幸福，就不要給人希望！」因爲在希望中失去愛的人是最痛苦的。我又對濤宏說：「濤宏，我謝謝你送給我的緣份，可我不屬於你，所以不能做你的愛人。相信我，你的愛人正在未來的路上等著你，所以，多學多做，別讓你的愛人失望和等得太久！」

「那，我可以認爲你是我過去的第二個愛人嗎？」濤宏慢吞吞地問。

「不可以，因爲我們之間無情無愛，愛是互相的才是幸福的，僅僅愛與被愛都不是一個完整的愛。」

「那，我該把你放在我心中的那兒呢？」濤宏已開始接受我的建議。

「放在你的姐姐位置上好嗎？親緣是最牢固的關係。」我心裡想，阿姨也行。

「讓我想想。」濤宏很有思想也很獨立。

當天我送走了濤宏，她直到走也沒告訴我，她把我放在什麼位置上。

兩天後我回到了我那被人替代了一個星期的節目中，接進的第二個聽友在電話中對我說：「欣然姐姐，我願和每個女人都擁有你的眞誠、你的善良、你的知識，你願意收我這個妹妹嗎？」

我聽出來了，這個打電話的人是濤宏。

□

寫完這個故事，我在想，濤宏現在怎麼樣了？她找到了她的愛人了嗎？

第八章 被革命婚配的女人

我是什麼？我在做什麼？我怎麼被「革命」嫁人了？怎麼回事兒？此後的四十多年裡，我苟活在如霜的歲月裡，因爲我的丈夫是一個視「仕途」爲命的男人，女人對他來說僅僅是生理的需要罷了，他認爲女人就是「用的」。我就這樣被關上了青春，被冰凍了嚮往和我美好的一切。

我沒想到，開設的四部長限錄音電話不僅爲我提供了更多更深層次的中國女性話題，而且也爲我獲得了我同事們的眞誠和熱情。令我難以置信的是，我的同事們中很多人居然也開始聽我的節目了，要知道我可曾是他們眼裡的醜小鴨呀。他們說他們也想知道他們的另一半是什麼樣的。後來，越來越多的編輯、記者、主持人每天早上到我辦公室靜靜聽那些來自電話錄音的故事，那是一個個未被羞澀、恐懼、害怕而著過色的女人故事。

一天，我們聽到了這段錄音：

□

喂，有人嗎？欣然在嗎？哦，眞的沒有人，太好了！

（幾秒鐘的沈默）

欣然，我似乎沒有勇氣講出我自己的故事，我很想打開我情感的家門，讓人們了解我生活在一個什麼樣的家中。我也想聽一聽我自己的故事，因爲我從不敢回首過去，我害怕那記憶會毀滅我生存的信心。我讀過這樣一句話：時間能夠淡漠一切。可是四十多年漫長的時間只麻木了我的女人心，卻丁點沒能稀釋我的恨，也沒能淡漠我深深的悔。

（一聲輕輕的歎息聲）

在別人的眼裡，我有女人們羡慕的一切：丈夫在省裡身居要職，可算是一人之下千萬人之上，近四十歲的兒子已是一個國家銀行的處級分行長了，三十出頭的女兒在國家保險公司工作，我自己則一直做市政辦公室的工作，清清靜靜，既不用像一般老百姓那樣爲兒女奔波孩子們的前程，也不必爲什麼下崗離職的擔心受怕。家中也是應有盡有了：三口人（兒子自己有三室兩廳一大套住房，女兒自認是獨身主義者，至今未嫁）住著近兩百平方的大套住房，室內家具電器均是潮流的式樣，就連厠所的座便器都是進口貨！不時還有人來打掃衛生、送鮮花，說是要保證省領導良好的居住條件。這就是我家。可這僅僅是一個家庭物質展示般的空間，這裡沒有情感的交流，沒有親情的安撫，更沒有天倫之樂及歡聲笑語，關上家門後，能聽見的只有吃喝拉撒的聲響和動物般的生存，只有來訪者才帶著人的氣息，印證「家」的眞正存在。而我在這個「家」裡既沒有妻子的權力也沒有母親的威望：丈夫說我在他面前如同一塊褪色的破布，既不能做成衣褲也不能鋪蓋裝飾，連當抹布也只能擦擦踩了泥的脚，我對於他唯一的作用是顯示他的「艱苦樸素」、「作風端正」，以及爲他的「高官」之路作「人品」的階梯！

這，可是他親口對我說的啊，欣然，這是眞的！

（泣不成聲）

我眞的沒有騙你，他說這話時，就像他喝一口酒一樣的輕鬆……

（擤鼻子的聲音，語氣略有平緩）

我想過無數次離開他去找回原來的我，我想找回我對音樂的熱愛，我對家的嚮往，找回我在這世界上自由的自我。我想找回我對女人的感受。可他不准，他說如果我離開這個家，他會用他幾乎能遮一方天的權力讓我無立足之地，生不如死！因爲他不能容忍因我而影響他的仕途或被世人議論。我相信他會說到做到的，他的政敵們多少年來都未能逃脫他的懲罰，而那些曾經拒絕過他「關懷」的女人，也都被他封殺在那些最差的職業上久久不能調動，有的甚至其丈夫也不能倖免。所以，我無路可逃。

爲什麼說我在我的孩子們面前沒有母親的威望？因爲我的孩子們一出生不久都被帶離了我的身邊，送往軍隊的保育院，組織上說，孩子們的吵鬧會影響「首長」，也就是他們父親的工作，那時軍人的孩子們大多如此。我們與他人不同的是，別人家每週都能夠和孩子們團圓一次，可我們得經常出差，所以一年中只能見到孩子們一、兩次。而在這少得可憐的見面中，也時常有人找或有電話打擾，孩子們很不高興，有時甚至要提前回保育院！父母親在他們的記憶裡僅僅是一個稱謂，而在他們的情感中遠不如一個長時間照看他們的保育員。他們稍稍長大之後，父親地位的光環爲他們帶來很多實惠和其他孩子所沒有的特權，這對於成長中的小孩子來說無疑會產生影響他們一生的優越感和輕蔑他人的劣行。不幸，我作爲他們的親生母親也被他們列爲輕蔑的對象。因爲，他們從他們爸爸那裡沒有選擇地學到了許多接人待物的技能，他們認爲那是政治家的風範，而他們父親的劣質德行被他們視爲實現理想的手段。我曾試圖以「做人應堂堂正正，做事該清清白白」等哲理對他們曉以做人之理，也以自己年輕時的感受及女性的無微不至對他們曉以母親之情。可是，他們以「地位、榮譽」來度量人生的成功，認爲在我跟他們父親的經歷已經充分證明了誰才是成功的人生。他們的父親爲他們創造了一切，使他們得意於同齡人，而我，他們的母親，連同床共枕幾十年的丈夫都不視爲應珍愛之人，又有何成就而言呢？他們不相信他們的媽媽也曾輝煌燦爛過。

（無奈的歎息）

四十多年前，我曾是一個天眞浪漫的女孩子，我在南方一小城鎮的女子中學讀到高中畢業。我比起那個時期的其他女孩子是很幸運的，我父母都是留過洋的，他們開明豁達，所以我從未像別的女同學那樣爲自己的婚嫁苦惱。我記得，我的同學中很多人自幼就被家人指配訂婚了，即便少數的自由者也都在初中被許配男人，若遇上個好人家或許還能念完初中，要是男方「如饑似渴」或是「家風嚴謹」，那只能輟學去作人妻了。在我們看來最不幸的是給那些已經三房四院的男人作小老婆，而輟學婚配的女學生就大多都是給那些玩膩了賢妻淑女的男人們「嘗鮮」做小的。現在很多電影把那時的小老婆描繪成獨有丈夫偏愛，可以在家中喝三舞六的，其實可眞不是這麼回事兒！那些娶得起幾房太太的準是大户人家，家裡規矩可多了，家法也不少，單單見人行禮問安就有十幾條，若是稍有差錯不是你說句「對不起，眞報歉！」就没事的，那是「丢了」全家人的「臉」！不受處罰怎麼行呢？由大太太掌嘴啦，一兩天不准吃飯啦，罰做苦力啦，跪衣板什麼的，可多了！你想，我那些從洋學堂嫁過去的同學能受得了這些？可女孩子們没辦法，因爲從小就知道「媒妁大事，父母做主」如同曆律。男人們況且如此，更不要說女人了。

那時候，做爲女人能像我和我夥伴們這樣走出家門上學，令多少女子羨慕啊。可在社會上，女人上學堂這件事就像一滴水掉進滾開的油鍋！人人都知道，「三從四德，敬老孝夫，司廚女工，足不出户」是幾千年的婦道，而女人要跟男人一樣讀書認字談論國事，這在當時的大多數中國人看來可是大逆不道的，至少是不可思議的。我們自己一方面因爲自己的解放幸運而寬慰高興，另一方面也因爲沒有可見可求教的楷模而茫然。因此，我們女中的學生雖都是來自知書達理之家，但社會的時尚、親朋的議論、以極傳統的慣性使我們這些女孩子很難獨立地確認自己人生的方向。

我可能要算是很例外的一個了。

我很感謝我的雙親，他們從沒有以中國文化傳統中「女人的定則」來要求我、限制我。我不但可以上學（雖然是女中），我還可以跟父母的朋友們同桌吃飯討論國事，有時還會跟他們理論得臉紅脖子粗的；我也可以參加任何聚會，自由選擇我喜歡的體育項目進行活動；我還可以穿東西方不同樣式的服裝，不必把自己裝進那種除了大小不等一切雷同的中式女裝裡。對我的童年和學生時代來講，除了我的耳朵不太自在以外（總有「好心人」規勸我「改邪歸正」），我是很快樂的，而最重要的是，我很自由！

（小聲唸著：自由，自由……）

辯證法認爲，任何事物都是一分爲二的，我的經歷告訴我，這是對的。

在我自由的空間裡，我吸取了很多，我沒有約束的選擇，也沒有限定的取捨；我嚮往轟轟烈烈的壯舉，我追求一鳴驚人的效果，我幻想浪漫的「美女伴英雄」。於是，在我看了一份關於紅色革命的報導後，我發現這是一個我不曾在現實中了解，但在中國諸多的史書中閱讀過的世界，這可是我渴望的未來？我浮想連翩，激動不已。最後，我決定親自去看看那個神秘的地方。出乎意料的是，我的父母一反常態拒絕我的請求，並警告我這不是一個明智的想法，他們說，沒有長熟的東西一定是苦澀的。我以爲他們在說我，我很不服氣，年輕人的逆反心態促使我更堅定自己的立場，我要做給他們看：我不是個平庸的女子！

後來的四十多年裡，我耳邊時常響起這句話：「沒有長熟的東西一定是苦澀的。」我也明白了：睿智的父母多麼精闢地告訴我了一個深刻的哲理，他們不僅是說我，也在暗示未來的中國。

一個仲夏之夜，被幻想燃燒的我，學著文學作品中的角色，裝上兩件換洗的衣服和幾本被我視爲精神食糧的書，離開了溫暖詳和的家。我至今記得我走出家門時在心裡默默對熟睡的父母說：對不起，爸爸媽媽，我一定會被寫進書裡，讓你們爲我自豪的！

後來，我的父母眞的從很多的書報中看到了我的名字，可只是作爲夫人被提及而已。不知爲什麼媽媽總問我一句話：你的生活開心嗎？我，從來没有正面回答她這個問題，直到她老人家去世。我不知道怎麼回答，可我相信母親是知道答案的。

（沈默了十幾秒鐘）

我的生活開心嗎？

什麼是開心？我開心嗎？

剛到解放區的時候，我的生活應該説是很開心的。那裡的一切都那麼新奇：農田裡你分不出誰是農民誰是士兵，操練場地上你分不清楚誰是在職軍人誰是民兵；男人女人穿一樣的衣服做一樣的事，領袖、將軍、平民百姓無標誌可辨認；人人都在探討中國的前程，天天都有對舊制度的控訴批判；戰爭中所帶來的傷亡悲痛跟大大小小的捷報交織成人們的視聽，使你不會陷入那每天定時定人定事的乏味生活。對我們這樣的女學生來説還不僅如此，我們在那裡像原野上的花鳥，因爲我們，士兵跟農民有了美麗的色彩和悦耳的聲音；我們猶如公主般受尊敬和厚愛，那些在戰場上像雄獅一樣吼叫拼殺的男人，坐在你的身邊聽課時，溫順得如同羔羊！

我只在解放區待了五個多月。後來，我被編入一支工作隊，到黃河北岸的地區參加土地改革。我所在的單位應該説是一個工作總隊下的文工團，我們以音樂舞蹈等各種文藝形式宣傳共產黨的各項政策，並曉以舊制度的糟粕和新社會的優越。因爲那是一個很貧瘠的地區，幾乎從來没有什麼文化生活，人們唯一的娛樂便是婚喪嫁娶時的吹喇叭，所以我們深受歡迎。

我在文工團裡是演藝技能比較全面的一個女孩子，特別是我的舞跳得最好，每次跟首長聯歡，我都是他們爭取的第一舞伴，加上我的性格開朗，因此大家都叫我「百靈鳥」。眞的，我那時覺得自己眞像一隻快活的小鳥整天雀躍在無憂無慮之中。

（一聲長長的歎息）

有句話：「籠雞有食近湯鍋，野鶴無米天地闊。」籠鳥也屬同命吧。我十八歲那天晚上，團裡專門爲我開了一個生日晚會，那時可沒什麼蛋糕香檳之類的好東西，只是團裡夥伴們拿出他們平日省下的一塊糖、兩塊餅什麼的，再用白水沖點糖粉，就抵作「美酒佳餚」了。環境雖然艱苦，可我們玩得很開心很盡情，我跳著唱著笑著，旋轉在我的「樹林」朋友同事中。是團領導的一個手勢中斷了我的舞步，我只得跟著他來到團部辦公室。他莫名其妙地而且還是很嚴肅地問我：「黨組織交給你的任務，你都願意完成嗎？」

「當然！」我回答得很乾脆。我一直很想入黨，可我的家庭政治背景不屬於革命的陣營，所以我得比別人更努力才能符合黨員要求。

「無論什麼任務，你都願意無條件去完成？」

我很納悶，一向爽快的團政委今晚怎麼這樣不乾脆？可我還是毫不猶豫：「是的，我保證完成任務！」

團政委並沒有因爲我的堅決而顯露出高興，只是告訴我有一個「緊急任務」要我連夜出發，趕往地區政府大院。我想去跟那些正在等我繼續晚會的夥伴們打個招呼，團政委說不必了。因爲仍是戰時，所以我沒多想，只是服從命令，跟隨著兩位專門來接我的戰士就走了。兩個小時的路上他們不說話，我也不能問，那是紀律。

我被引介給一位穿軍服的首長，他打量著我說：「還不錯，好了，從今天開始你就是我的秘書了。以後，要多學習，努力改造自己，爭取早日入黨。」接著，他讓一個通訊員帶我去休息。他們爲我安排的房間很舒適，那種北方農村的大土炕上還有一床新的大花被子！看來，在領導身邊工作就是不一樣。我不及多想，因爲那時我已很累很累了，於是倒頭就睡了。

不知什麼時候，我的被子裡鑽進一個人，而且是個男人！我嚇壞了，張嘴就要喊，可一隻粗壯有力的大手捂住了我，一個聲音小聲說：「噓。別影響其他同志睡覺，這是你的任務！」

「任務——任務——任務？」

「對，這就是你今後的任務！」

從那冷酷的聲音裡，我聽出來了。是那位首長！

我無力，也不知道怎樣捍衛自己，唯一的表示就是淚水。

第二天，組織通知我當天晚上要爲我們證婚，舉行一個簡單的婚禮，我的新郎是那位首長，也就是我現在的丈夫。

在此後的很長一段時間裡我都在問自己：我是什麼？我在做什麼？我怎麼被「革命」嫁人了？怎麼回事兒？

（怎—麼—回—事—兒—呵？）

此後的四十多年裡，我苟活在如霜的歲月裡，因爲我的丈夫是一個視「仕途」爲命的男人，女人對他來說僅僅是生理的需要罷了，他認爲女人就是「用的」。他說：「女人不用，要她幹什麼！」我就這樣被關上了青春，被冰凍了嚮往和我美好的一切，而被一個男人「使用」著……

（如釋重負）

對不起，欣然，我只顧自己講了，也不知道你的答錄機錄上了沒有？我知道女人都很嘮叨，可我眞的很少有說話的機會和興趣，我只像一個機器一樣活著。今天，我終於能無後顧之憂地說出來了，我像卸下了一個什麼似的。謝謝你，眞的！也謝謝你的電臺和你的同事們。女人的的確確需要交流啊。再見！

□

那天，我跟我的同事們都沒能走出那個「再見」，我們走不動！那個歷史故事的沈重使我們邁不開步子。我沒能獲批准播出這位夫人的錄音故事。領導在批文上注了一句話：有損首長形象！

□

在以往的中國，有不少的女人是在爲男人的「形象」而苟活在那些她們根本沒有感情也沒人滿足她們女人需要的家裡。據我了解，很多的女人爲了讓孩子有一個完整的家而放棄自己一生的幸福，也有很多的女人以「好女不二嫁」的傳統觀念來約束自己對愛的嚮往；在中國農村有更多的女人，是在「嫁雞隨雞，嫁狗隨狗」的「祖傳信條」中完成她們的女人「使命」的，許多人根本不知道女人也有愛和拒絕的權力，有的甚至不懂女人在生理上也有性愛娛樂的本能！

每每我採訪或聽到這些女人的故事，我的心就會有一種顫抖和疼痛，可悲可憐的女人們！她們的不幸，有的是愚昧無知造成的，有的是那些所謂的傳統習俗導致的，有的卻是中國歷史所特有的政治需要所製造的，這位夫人的故事只是這「系列叢書」中的一則。

□

老陳對我講過這樣的事：

一九四九年，新政府中的許多高級官員都面臨了關於家和妻子的問題。他們早年參加革命時，大多是捨家棄業投奔共產黨的，他們的髮妻爲他們照料一家老小，承受著「活守寡」的痛苦；而這些男人在打江山的事業略有立足之地時，因無法找回在敵戰區的妻兒，又因爲「工作和生活的需要」，都在黨組織的幫助下「配製」了新夫人。新夫人們大多是女學生，她們信奉共產主義，崇拜英雄好漢，大多來自富有家庭，不是大家閨秀便是小家碧玉，她們溫雅的氣質與那些渾身上下散發著鄉土氣息的村姑農婦形成了反差，令那些持槍揮刀的男人感覺新鮮，為之嚮往，而她們的學識，為那些坐江山的行武男人充當了最方便的老師和參謀。

五〇年代初，新政權的當權者在忙於整理修建一個新國家的同時，也忙於整理他們自己被戰爭攪亂的家庭。那些知道自己的男人還活著並且當了大官的女人們，紛紛帶著從不知父親是誰（也許他們的爸爸也一樣不知道他們是誰）的孩子們來京城尋夫認父。這眞是一個令人頭痛的大問題：因爲新政權倡導婦女解放，男女平等，一夫一妻制，而此時這些高級官員與女學生組成的家庭也已兒女成群了，於是，一個男人，兩個女人，七八個同父異母的孩子，誰去誰留呢？沒有法律可依據，沒有情理能分清。雖然，「事業、地位、生活的需要」似乎已確立悲歡離合的角色，可男人們面對那些爲他們吃盡顚沛流離之苦，有的甚至付出親人性命的原配女人開不了口，而那些雖然大字不識的女人卻深知「從一而終」的道理，她們含辛茹苦養老餵小的十幾年，提心吊膽地眼巴巴苦守了幾千個星夜的空房，她們並不知曉多少「情深意長」、「相依相愛」，她們只懂得她們應該、而且必須屬於那個揭了她們蓋頭，並把她們從姑娘變成媳婦的那個男人；可如果她們被告知這個男人不能再跟她一起過日子，那就是等於她被她的男人「休」了，那她日後則很難在她的家人鄉親面前抬頭，更不用講重組新家庭了。

怎麼辦呢？

這個問題終於被當作一個政治問題擺放在中國領袖們的辦公桌上。很快，一紙公文傳達到有關地區的各級政府。據說，公文中詳盡確認：這些無法再找回有了高官厚祿的丈夫的女人們將可擁有某些政治地位和一些特權，以及她們生活費用的保障。那是一個無需解釋，黨就是王法的年代。於是，尚未從團圓夢中醒來的女人，在那些她們根本聽不懂的道理「命令」下，帶著那些長大後痛恨自己父母的孩子們回到了故鄉。

故鄉人沒有以傳統的目光看待她們，因爲她們已被納入政治的界線，沒有人想用腦袋開玩笑。然而，這些村姑農婦都太純樸了！她們中幾乎所有人都沒有利用所賜的地位特權去謀求生活的輕鬆和方便，她們僅僅接受了政府給予的生活補貼金，那是一筆幾乎沒有隨物價上漲而增加的小錢，以自己的艱辛勞作撫養大了她們的孩子，而且只有很少很少的人重新組合了家庭。爲什麼這些女人放棄了她們以一生的痛苦換取的利益呢？有人說：她們不懂那些利益意味著什麼，不知道她們能有什麼特權；有人猜測：她們怕因爲用了權而丟了錢，而她們對錢的需要比一般人多多了。

老陳說，女人們告訴過他：「我們的心口每個夜裡都被想自己男人的刀子劃開，然後再被苦鹹的淚水淹泡起來，我們幹嘛要再找把刀子插在上面呢？那些好處誰不想得到？可在我們看來那是我們的男人啊！我們用了那些好處就會更想丈夫，別的人也就會常常提起他們，『想』可比『恨』難熬呀。」

可後來我採訪的結果告訴我：實際上，很多新夫人早就發現，她們被幼稚的追求和對草莽英雄的崇拜引入了感情生活的冰窟！特別是那些被事業需要分配嫁夫的女人，她們的丈夫何許人也？相貌性情如何？有何豐功偉績？在新婚之夜的前一刻她們一無所知。她們接受過的文化知識教育，她們大家族所灌輸給她們的習俗禮節，她們在洋學堂裡感知的西式浪漫，都成了她們痛苦的根源。因為她們那些在鄉村田野長大、又在拼殺吶喊中成熟的丈夫們不能接受這些；而且丈夫們從祖輩那裡學到的是要把女人「管」起來，「關」起來，而新潮的太太一旦歸為己有，當初她們最可愛的，最讓他們興奮的，也就變成了他們最擔心和最不能容忍的了。最終，差異被女人的順從縮小了，而男人的興趣也被乏味替代了。

就像這位電話錄音裡的夫人一樣：這些妻子被作為一種形象和一部分生理的「需要」，無奈地存放於那些家庭裡。

第九章 我的媽媽

她對事業的追求，她對黨的信仰，完全控制了她天性中屬於女人的那一面，她生活在一個與男人爭平等的時間表裡。隨著越來越成功的事業，她越來越淡漠了女人的天性，等我懂得了女人跟男人有什麼不同時，媽媽已經變得毫不在乎女性的溫柔和服飾了。

一個週末，我回到父母家中。我對媽媽說，我很難把在這種「家」中的生活與坐牢的感受區分開來。母親聽了淡淡地說：「在中國，有多少人有自己情感的家呢？」我問她爲什麼這樣講，她藉口走開了。

我知道我的母親幾乎天天聽我的節目，我們很少見面，也很少談心，因爲「沒時間」。是眞的沒時間，在一九四九至八五年期間的中國人家中，因爲「革命的需要」，家人之間是很少有時間共享的。其實，我很想多認識一點我的媽媽，一個不僅給了我女人生命，而且給了我無數的關於女人問號的女人。

□

媽媽來自於南京一個大資本家庭。

中國有句話叫「一方水土養一方人」，意思是生存的自然環境對人的成長有很大的關係，我很相信這話。南京位於中國東部的長江邊上，那裡有氣勢雄偉的紫金山，還有世界上第二大河流，長江。湖泊、綠地把南京城滋潤得生機勃勃。那東西南北皆成格局的林蔭大道，使人無時不感受到自然與季節的給予。

母親的家是一個中國傳統的大家庭，他們曾有一個龐大的產業。外祖父曾是一九四九年前江蘇、浙江、安徽三省的麻紡業主席，那在當時以航運爲主要交通的繁榮江南是首屈一指的工業。他的生意範圍大到艦船所用的蓬布，小到漁船的繩纜、民用的麻繩，此外他還有五金工廠。據說他的經商能力非常強。也許正因爲外祖父感受到了文化教育的重要，所以他用了許多錢辦學校，並把自己的七個孩子都送到最好的學校接受教育。即使在那「女子無才便是德」的時代風氣中，他的女兒也都不同於其他人家女子，而受到了最正統的教育。不僅如此，據我舅舅跟姨媽說，外祖父的家教十分嚴厲，用餐時誰不小心發出了聲，或是犯了手扶碗的規矩，外祖父便會把筷子往桌上一放，離席而去，這時每個家人都不得再繼續用餐，一直要餓到下一頓飯。

我不知道是不是這個原因，他的孩子們太受約束了，所以四九年的新政府立後，就在外祖父忍痛割捨家產給紅色政府以保全家人性命時，他的孩子們卻比別人都更積極地參加了共產黨的革命運動。最大的孩子那時只二十來歲，而我母親只有十六歲便加入共產黨的組織，去轟轟烈烈地鬥爭跟她父親一樣的資本家了！

家人們說，外祖父分別在五〇年、五七年跟六三年，三次把他碩大的家財分送給當地的政府，這份幾乎毫無回報的饋贈，並沒爲外祖父形成一個永久的保護傘。文化大革命大潮剛掀起時，老人家就被拋上了浪頭，因爲有兩個毛澤東的仇敵稱讚過他：蔣介石曾因外祖父力圖民族工業發展、不畏日本侵略者，而不止一次讚揚過他；劉少奇曾因外公致贈鉅產支援中國建設而表彰他。然而，蔣被毛用槍桿子打到了臺灣，而劉則被毛用筆桿子投入了地獄。所以，外祖父是不可能在文化大革命中有好處境的。令人難以置信的是，年近七十的外祖父以驚人的毅力渡過了他的牢獄之災，紅衛兵們爲了屈辱他，打掉他的微笑和信念，他們甚至在每餐送去的粗茶淡飯上吐痰，擤鼻涕！同牢的一位老人因此悲憤饑餓而死去，而我外公卻每每含笑撥開那痰跡涕液，吃下每餐食物，以致最後那些紅衛兵不得不敬佩他的豁達和意志，爲老人家送去好一些的食物。

文化大革命結束，外祖父才走出了監獄，他一位同獄好友請他去吃南京特產鹽水鴨以示慶賀，當那美味三十分鐘後被送到餐桌上時，那位老獄友竟興奮過頭，未來得及品嘗一口便滑倒桌下，因腦溢血而猝亡了。

外祖父既沒因爲獲得自由而激動，也沒因失去亡友、家人、資產而悲傷。人們說他麻木了。可當公元兩千年三月，我讀到他在此之前從未被人知的手記時，我才知道，他從未因時代的變遷和人間的悲歡離合而停止過情感的波動，只是太多的經歷和生活感受讓他覺得已無法再用淺表的語言去表現，他寫下了他近八十年的生活，其中並沒有驚天動地的描述，也沒有心潮起伏的情感，但你可以讀到他的內心。

我希望現在已是九十多歲高齡的外祖父能看到，他的書被人讀著。

□

我一次次爲母親的父親那滄桑的經歷而感慨，母親卻爲她父親給她帶來的黑色家庭背景而歎息。

十四歲便在學校加入共青團，十六歲參軍並加入共產黨的母親，因爲學習優秀，相貌俊美，能歌善舞，在當時的南京城小有名氣。到了軍隊，她仍如一朵軍花，鮮豔奪目，加上她天資聰慧，軍訓和文化考核幾乎都是名列第一，在全軍大比武中也是榜首。那時，對她來說一切都那麼年輕美好，那些黨政軍領導在週末舞會上常常指名爭選母親做舞伴。輝煌和榮耀照映著她，使她全然不知她那黑色的出身背景會發生什麼。

後來母親說，她以爲，那時的她是走向紅色王室的灰姑娘，革命就像那雙水晶鞋，爲她帶來了一切夢中的美景。然而，中國的政治運動把母親的幸運停止在午夜十二點，那雙水晶鞋消失的時間。

五〇年代初，中國軍隊效仿蘇聯史達林所做的軍內政治清理，一下子便把母親的軍事生涯沖進了黑臭的下水道：她被劃入黑色資本家後代的階級，被驅除出革命的陣營。從此，她背著這份黑暗的沈重。她不甘心：她一次次試圖以她的「特別成功」來獲得和其他女人或事業者一樣的境遇，近三十年，她無數次的努力，幾乎次次失敗！

離開軍隊進入軍工廠時，她成功地與東德專家一起研製新型機床，並大獲成功。拍攝功臣合影照時，人們指點她：「你的出身不好，不便站在前排。」於是，照片中的母親小小地在後排露著一個頭。中蘇關係破裂，母親被當成特別審查物件，以確認她對黨的忠心程度，因爲她的資本家背景使她被測試。文化大革命後期，母親領導著一個技術小組，設計出了第一台組合機床，可她不能以主設計者的身分向社會解釋成果，因爲她「不可能」對社會主義全心全意！當母親特地前往一個軍事基地去驗證她的發明時，哨兵竟把坐了三天三夜火車而來的母親攔在基地門口，哨兵出示的文件上寫著，她，徐某，因政治背景不得進入軍事重地。

文化大革命中，沒有人聽她如何革命的解釋，沒有人看她那整箱的立功獲獎證書和文字說明，仍舊把她打入冷宮。等到她因爲擁有技術而被軍隊請回去的時候，她只能在一個實驗廠裡遙望她的那些戰友們；她們雖然沒有她的這般技術和能力，但都已是師級幹部了，而她卻因爲是資本家的女兒，只能當個工程師。母親如此這般直至退休。

有人告訴我說，我母親的個性非常強，最好的證明就是跟我父親結了婚。據說父親當時在一所軍事院校是一個名氣很大的教官，他是母親的老師，也是女學生們仰慕的對象。母親以她的聰慧和意志博得了幾乎所有教官的青睞，但她選中了我父親：一個相貌不揚卻才華橫溢的男人。母親的同事認爲她跟我父親結婚不是因爲愛，而是要證實她的價值。

好像人們的議論有些道理，媽媽談起父親也總說他非常聰明，能講幾國外語，還是一位國家級的機械和電腦的專家，但母親從未提起過他是一個好丈夫、好父親。我所看到的父親與母親的定義反差極大：

他會在眾目睽睽的軍官食堂裡，把裝有菜汁的大盤子毫不猶豫地夾在自己筆挺的制服腋下，而把手中的大辭典拿到水裡去沖洗！

他曾看著書走進別人正好開著門的房屋，躺在人家的沙發上睡了一大覺。

他爲了表示也具備與母親同樣的「生活技術」，特地買了一套有二十幾個法碼的天平稱，用來秤做飯用的調味品。結果，油都燒著了，他還在那兒仔細秤鹽呢。

諸如此類的事，可以說是「不勝枚舉」吧。所以我和弟弟從來沒有因爲父親而自豪過，也沒任何機會能從父親那裡沐浴到智慧的雨露。父親在我童年的記憶裡，只是一個「叔叔」。

有人說，同情是婚姻最大的陷阱，我想，中國的夫妻們對此的理解最爲透徹。那些在政治風暴中饑寒交迫的男女，帶著情感的憐憫和生理上的需要，而不是愛，走進對方的生活。進入了婚姻的大門後他們才發現，先前最令自己覺得可憐的也正是自己最厭惡的。中國傳統的古訓、政治運動的冷酷，幾乎把一九五〇到八〇年裡中國男女的婚姻漆封在無愛無情的家的形式裡。

我覺得，我的父母似乎是在那擁滿了革命者的道路上相識而相依的，他們來自各人的黑暗的家庭背景，他們需要彼此關心和同情的陽光來支撐他們在紅色政治下的生命。他們相愛麼？幸福麼？我從來不敢問他們。我怕，他們的現在已翻不動他們那被迫分居、牢獄之災、別妻離子等等近二十年的沈重過去。因爲，我知道，對很多中國人來說，眞的很難翻動那些可怕的經歷。

也許，這就是爲什麼媽媽要說「在中國有多少人有自己情感的家」嗎？我不知道。

□

我是在當了多年的記者之後才陸陸續續、點點滴滴知道這些的。

我同媽媽在一起生活的時間總共有沒有三年，我無法回憶了。到目前爲止，我找不到一個與全家人在一起過生日的記憶。「母親的懷抱」是我從童年到今天的嚮往。出生三十天便被送往祖母家撫養的我，還不會感受媽媽的心跳；長大懂事後的我，被中國的風俗拒絕在母親的臂膀之外。

每當我站在那種蒸汽機車的火車頭前時我便會想到母親。五歲那年有一天，祖母拉著我的手，站在北京站的站臺上，一聲淒冽的笛聲，推著一列長長的火車來到我跟祖母的跟前，喘著粗氣的列車緩緩地停下來時，我在想它太累了，帶著那麼多人，走那麼快！

一個穿著典雅的漂亮女人走向我們，她的絲圍巾在走動中飄蕩著，手中的提包也在她輕盈的步子伴奏下輕微擺動著，一切如同流動的畫面，呈現我的眼前。祖母拉著我的手，指著那個女人對我說：「這是你媽，叫媽媽，叫呀！」

「阿姨！」

「這是你媽媽，你的媽媽，叫媽媽，不能叫阿姨！」祖母顯得有點尷尬。

我呆呆看著那漂亮的女人。我看見她的眼裡噙著淚，她努力表現出一個微笑。

祖母和媽媽沒有再次強迫我，只是默默站在那裡，一切如同被凍結了，冷冷的，靜靜的。

可這冷冰冰的記憶在我做了母親後一次次刺激了我、燙傷了我：一個生命雖然來自於一個男人跟一個女人的結合，可那生命獨立存在的形態，是在一個女人的身體裡一分一秒、一克一毫地長成的。女人在孕育這個孩子時，充滿了她的牽掛、幻想、期待和深情。孩子在生命的呼叫中開始自己生命的存在，可那根，那生命，長滿了母親每一個細胞，即使是在最無情的新陳代謝中，母親也無法找到替代物來取代她與孩子的情結。

面對一個把自己叫做「阿姨」的親生女兒，母親能說什麼呢？她對事業的追求，她對黨的信仰，完全控制了她天性中屬於女人的那一面，她生活在一個與男人爭平等的時間表裡。隨著越來越成功的事業，她越來越淡漠了女人的天性，等我懂得了女人跟男人有什麼不同時，媽媽已經變得毫不在乎女性的溫柔和服飾了。甚至，她感到孩子是她的累贅，家庭毀了她的人生！可是女人的天性和事業的努力無時不刻在爭奪著她，爭奪著她對家人和社會的抉擇，她無法把兩者兼而有之地裝入她的生活，事實上，對我母親來說，她是女人天性的失敗者，她意識到這個問題是已是六十多歲了。這時的我已遠離她，漂泊英格蘭了。

電話中的母親告訴我：「不要在乎太多，第一你是女人。」

我難以相信這是母親說的話。

而當我第二次回國時，她抹著淡淡的口紅去見我的英國朋友，那重現的秀美讓年邁的父親激動不已，我擔心他的心臟病是否經得住這份來自母親的「誘惑」。

第十章　四十五年的等待

面對空空的她，我不知道該說什麼，能做什麼。我想，沒有言語能塡補她那被四十五年的等待佔滿而又被現實掏空的情感，我再一次發現語言是那樣的蒼白無力，它根本無法安慰一顆將要枯竭的女人心。

有人說：「有情無家、有家無情，是現代中國家庭的特徵。」我在一九八九至九七年間所採訪到的女人故事，似乎頗符合這個定義。年輕人迫於物質條件的限制，把工作、房子當作成家的先決條件，而他們的父輩則因爲政治運動的掃蕩，把安全、可靠當作立家之本，兩者皆把情看作是家中的「作物」。然而，女人們所追求、嚮往的卻都是把家看作情中的「作物」，所以在中國女人的歷史中你會讀到很多無花無果的愛情悲劇。

□

九四年的一天，參加中國清華大學八十三年校慶回來的父親說，他的一對老同學，年輕時相愛四年，可後來卻因爲「黨的任務」和「革命的需要」被分配在相隔千萬里的天涯海角，時逢中國的紅色政治風暴及十年文化大革命動盪，始終未能互通音訊。可那刻骨銘心般的相戀和無法被時光切斷的情絲，把那位女子封纏在愛的等待中，一等就是四十五年！當她面對已是兒女成群的戀人時，卻不能前去擁抱那個她日日夜夜思念的愛人，因爲，他的太太站在他的身邊。她微笑著與愛人握手致意，可她提前告別了參加校慶的朋友們，說是要回到那間她作過無數美夢的小屋……

父親說，大家站在他們的旁邊，都是鼻子酸酸眼圈發紅。父親很感慨：時光眞的很無情，就這樣剝蝕了他們那麼深的愛情。

我問父親，女人結婚了嗎？父親說好像沒有，她一直在等。大家都說她太癡情，太傻了！那麼多的政治運動，那麼激烈的生活內容，沒有人能在那其中滋生情和感，也很難留存住曾有過的愛戀，更不該在那自己支配不了的「革命歲月」中企盼那無法如願的愛人和家庭。可她聽了這些總是笑而不語。我對父親說，聽上去她像一支出污泥而不染的荷花。在一邊的母親說，出水的荷花是潔美，可經不住那大風的摧殘，倒下的荷花比哪種花都枯竭得快。

她倒下了嗎？我很想知道。

我從父親的清華大學校友錄上尋找到了她的工作單位和通訊位址，可她沒留下電話和家庭住址。她的工作單位是東北的一個軍工實驗廠，在一個深山區，生活交通都不便利。我給她的單位打長途電話，得到的答覆是：沒有人看見她從北京回去了，他們反而問我是否確定她回去了。我請他們派人查一下。我又從她的朋友中查詢她親友的聯繫。我兩、三個星期的努力沒有得到任何結果。她的單位又來電說，她從北京打電話請假，可也沒再打電話確認她是否得到批准。她會不會跟她以往的戀人在一起呢？我又打電話到江西一個大型軍工廠詢問她那位戀人，他聲音很緊，再三追問：發生了什麼，她在哪兒？

她在哪兒呢？發生了什麼？幾個星期的時間，她的下落成了我們一家人打電話的唯一話題。我們都很急，可沒有辦法。

□

過了一個多星期，我在一個夜間的熱線廣播中接聽到一位女聽眾的電話，她說她是無錫太湖邊上一個旅館的服務員。在她的旅館中住著一位女客非常奇怪，每天閉門不出，沒有人看見過她出來吃飯，她也不准清潔工進去打掃，她與外界的唯一聯繫只是電話。女服務員很擔心，希望我能幫助這位非常奇怪的女客。那天下節目後，我便與那個旅館聯繫，請總機把電話接到那位女客的房間，她接聽了電話，但顯然不想跟我多談。她問我怎麼知道她的，我說是因爲她身邊有很多關心她的人告訴我的，她說，請我轉謝他們。

請我在千里之外替她感謝住在她身邊的人？我感到了一種不安，她爲什麼這樣拒絕與人交往呢？在我的經歷中，這是種信號，是女人喪失生存信念的信號！她說她從未聽過也不會聽我的節目。所以我只能在每天下節目後給她打電話。幾次通話後，她的聲音聽上去有了一些接受我的感覺。後來，她不再冷冷地僅回答我問題，偶爾也會問一句我在忙什麼。那時，給她打電話竟成了我每天一種必須完成的任務，我彷彿感到那個夜間的電話像一根生命線，繫在那個女客的情感中；再細，也是一線希望！

兩個星期後的一天夜裡，她沒有接我的電話。我嚇壞了，打電話給旅館服務員請她們敲門查問人是否在屋內，他們說她在屋內回答了。我鬆了一口氣，接下來的幾天她都不接聽我的電話，可我堅持每天在相同的時間給她打電話，我要讓她知道，我的關心並不比她的拒絕軟弱！

□

很巧，我接到一個前往無錫的採訪任務。雖然採訪的內容是關於無錫交通警察的生活，對我來講卻是前往無錫的一個良機，我可以順路去看望那把自己裝進「盒子」裡的女客。於是我告訴電臺裡：我要在晚上的熱線節目後連夜趕往無錫。臺長很納悶：大晚上趕路，三更半夜到無錫，又沒人接待，瘋啦？我的經驗告訴我不能多解釋！

被安排爲我開車的司機是我的好朋友，他喜歡夜裡開車白天睡覺，最怕白天開著車在那塞滿車的路上「爬」！我請他先把車開往太湖邊上的那個旅館。大約凌晨四點左右，我們到達了太湖邊的旅館，服務台的人睡得迷迷糊糊，慢吞吞問我們有什麼事。

我這司機朋友是個急性子，大聲說：「對不起，請醒醒，她是欣然，江南電臺的，十二點下節目就坐車到這兒來了，明天八點她還要去採訪，請你快點辦手續！」

「欣然？對，對！我在報上看到過你的照片，眞太好了，這回見到眞的人了。哎，我去告訴我的同事們。」

「別，別急，」我急忙止住她：「我這幾天都住在這裡，請別影響你的同事們休息，我也眞得有點太累了。」

「哦，對不起，對不起！我現在就給你開個安靜、面朝太湖的房子。」好心的服務員還特別對我的朋友囑咐了一句：「你也是同樣待遇，別擔心受冷落。」

我一邊跟著服務員走向我的房間，一邊問她：「順便問一句，您知道你們這兒住了一位特別的女房客嗎？」我很習慣這種「順便問一句」的方式，在這「順便」中我知道了許多記者都「特別」想知道可沒有多少人能知道的素材。

「我好像聽說過在四號樓有個女房客很特別，可能是住了幾個星期了，不過，我不能確定。明天開例會交接班時我可以幫你問問領班。」

「謝謝啦，讓您費心啦。」

進到我的房間，我並沒準備上床睡覺，我想洗個澡，然後準備明天的採訪計畫，而明天我還要去拜訪那位女房客。就在我剛剛脫掉衣服走進洗澡間時，房間的電話鈴響了：

「對不起，打擾了。我聽說你在打聽一位女房客，我想我知道她，因爲今晚你的節目後不久，她打電話問我是否聽到你的節目，我告訴她聽過了，並問她有什麼事，她沒說什麼就掛電話了。在我的値班機房可以看到她的房間，這個星期我値夜班，我總能看見她徹夜不眠在窗前看著太湖。」

「請問您現在能看見她嗎？她還在看太湖嗎？」

「嗯，我看看。對，她又在那兒看太湖呢。」

「太謝謝您了，請問她在幾號房間？」

「她是四二〇九房間，四號樓二層。」

我穿上衣服，決定夜訪那位女房客。

□

在四二○九號房門前，我站了幾秒鐘才敲門。

「(篤篤) 您好，我是欣然，我從電話的那邊趕來見您，請您開門好嗎？」

沒有應答，也沒人開門。我沒有再敲門，也沒再說話，我相信那寂靜的凌晨她能聽清楚我的話，而且我也相信她就在門的旁邊。大約十幾分鐘後，一聲輕輕的問話從門縫中飄出來：

「欣然，你還在嗎？」

「是的，我要一直等到你開門。」我的口氣很堅定。

門輕輕開了，門邊站著一個憔悴不堪年近六十的女子。她用手勢請我入內，我快速打量著她的客房：一切整潔如初，彷彿從未有人住過，牆腳一個大旅行袋露出了許多速食麵，這是一個令我安心的發現。她沒有絕食，她對生命還有企盼。

我隨手拉了一把椅子，放在窗前她那把椅子的旁邊，然後擁著她坐下。我什麼也沒多說，我想這時就算千言萬語都會被她心中的盾牌擋回來的。我要等她開口。等她想告訴我時，我要做的事是準備好一個空間來傾聽。

我很喜歡水，無論海水、江水、河水還是小溪、雨水。可我在那以前從未仔細「聽」過水。那晚，太湖的水用她細膩的波紋爲我「推」來了一個個記憶、故事和太湖自己。

太湖位於江蘇的南部和浙江的北部之間，號稱中國第三大淡水湖。湖岸周長三百九十公里左右，總面積約四百七十五平方公里。太湖邊的江南水上樂園，蠡園，以眞水假山聞名遐邇。太湖不但風景優美，而且物產異常豐富，飲譽中外的「碧螺春」綠茶就產自太湖。傳說太湖邊有位叫「碧螺」的美麗姑娘，爲了解救病危的戀人，用自己的血澆灌了一株嫩樹，然後用那嫩樹上的嫩葉沏茶給她的戀人喝，日復一日，終於小夥子恢復了健康，可那位碧螺姑娘卻耗盡心血病逝了。後人便把這種能幫助人體健康恢復生命春天的茶叫作「碧螺春」茶。

我在那夜太湖的水中彷彿聽到了一份如碧螺姑娘般的眞愛。我不知道坐在我身邊的女人從湖水中聽到了什麼，但我相信她「聽」到了我的眞心。

晨曦漸漸在我們的沈默中帶著活力淡淡渲染開來，燈光依舊亮著。

叮呤，叮呤，一陣急促的電話鈴聲刺破了兩個女人用心感應的場景。她接聽那個電話後弱弱地對我說：「是找你的。」

電話是我的司機朋友打來的，他找我找得整個旅館沸沸揚揚的，直到有個人想起應該問問總機，他才知道我在哪兒。

我看了一下錶才知道已是早晨七點四十，我們得開車去無錫市了，我們約了早晨八點三十分跟交警宣傳處的人見面。

我握著她的手：「請爲我多吃一點，休息一下。」

在往無錫的路上我靠在車子的後座上睡了一覺。

白天的採訪不太輕鬆，我們得坐車跑幾個採訪點，約定採訪物件及採訪內容。好在，在車上的時間很多，對我來說這都是睡覺的機會，所以一天下來竟多多少少睡了七、八覺，不過每次也就只有十幾分鐘。

晚上回到湖邊旅館，我洗了個澡。可我不打算睡覺，我要去四二〇九那兒。我覺得，我即使無聲地坐在她身邊，也能感覺她那女人情感和分擔她的疼痛。這次，她沒有讓我多等一秒鐘，似乎她已站在門後等著，所以我剛一站住，門就開了！

她依舊不語，但已有了友好的微笑。那「笑」裡很有一種掙扎的感覺。

我們又坐在窗前，看著月光下抖動的湖水。那天是一個無風無浪的湖面，看上去那麼靜，可那柔柔的波紋又彷彿在訴說著什麼。我想：此時無聲勝有聲。

第二天黎明，我用手勢告訴她說我得去工作了，她用力握著我的手，讓我感到了一種理解和渴望，可那力量顯然是太柔弱無力了。我回到我的房間，趕緊翻出一些預先帶來的節目卡片爲那些名單上的服務員簽上字，又特別給那個總機寫了謝詞。等我忙乎完，我的司機已在門外等著我了。

一連幾天，白天採訪，而晚間幾乎都是相同的時間，相同的靜坐，只是面對湖的思考越來越令人激動。激動什麼呢?我不知道,大有「於無聲處聽驚雷」的感受。

短期的採訪很快結束了。我在最後一個晚上告訴她,隔天我得走了,我還會給她打電話,直到她走出她的沈默。她沒有說話,送給了我半張相片,那是她年輕時候的照片,一身四〇年代學生裝束,那發黃了的照片中的人渾身透著青春氣息,目光中充滿快樂幸福!另一半不知是什麼,但好像也有一個人,也許正是這個人把她推入了這麼苦楚的境地,我猜想。照片後面有半個句子:「水不可……」,很陳舊的墨水顏色,看上去應該是在那張照片照完之後不久題的字。還有一句新加上的話:「女人如水,男人如山嗎?」

我離開了無錫太湖邊的小旅館,可我覺得我沒有走開。

□

那天回來的路上我又足足睡了一覺。幾天不見,我很想我的小盼盼,但,我很遵循中國人的家教:敬老愛小。加之,員警朋友給我的父母買了幾樣無錫特產如:五香排骨,油炸麵筋,泥人阿福什麼的,所以我便直接去了父母家給他們送東西。

到了父母家已是深夜了,家中老人已經習慣了我的記者工作給他們帶來的騷擾,母親在臥室中問了一句:「都好吧?」父親則是用如雷的鼾聲告訴我他們一切都好。第二天天濛濛亮,我聽見早起的父親又開始了他那無法控制的噴嚏。不知什麼時候開始,他每天早晨一起來便會連打許多噴嚏，最多的一次，我數到了二十四！這天早晨我太累了，竟在噴嚏聲中又睡著了。

一陣急促的敲門聲及父親的大喊，把我從回籠覺中驚醒，父親急促地說：「快起來，我有急事。」

「怎麼啦？發生了什麼事？」我也慌了，在一個已進入平穩安詳的老人家庭，這種情形是很可怕的。

父親站在我的臥室門外，手裡拿著睡前我隨手放在客廳桌上的那半張照片，激動地說：「你從哪來的這照片？這就是她呀！」

「誰呀，您說清楚點兒。」

「這就是我的那位同學，就是那等她愛人等了四十五年的同學！」父親的語氣中充滿了嫌我那麼笨的口吻。

「真的嗎？您沒看錯？您不會看花眼吧，四十五年了，這可是張老照片！」我不敢相信他的眼力。

「不會，不會的，你知道嗎，她是我們的校花，誰都認識她，男孩子都喜歡她，追她的人很多很多！」

我連忙把昨夜拿出的東西又放回包裡。

「你幹嗎？說話說傻了，把東西放回去幹嗎？」父親看到我的舉動不解地說。

「我要立刻回無錫，我踏遍鐵鞋無覓處，得來卻不費功夫，這是緣份，我可不能丟掉。」

我一邊說一邊穿衣著裝，並向門外走去。

□

我飛快趕往臺長家，說是要請急假，臺長問家中出了什麼事，我說了謊：告訴他海外親友來訪，我得陪同兩天。我很怕說謊折壽，可我更怕臺長知情後害怕任何「政治隱患」。得到特別「恩准」，我又趕到臺裡給我節目的代做主持人打電話，請她再替我頂幾天。

大約是我的節目開始的時間，十點左右，我又回到了那個太湖旅館。再次站到四二〇九的門前，我有些激動，滿腦子的問號竟一個也沒有了：我又不知道我該說什麼了！我的手舉起來，放下去，又舉起來，又放下去，我想找到一句話幫助我的手有信心，可是很難。

終於我敲了兩下門：「靜怡阿姨，是我，欣然。」我想她是父輩的朋友，我應該叫她阿姨。可我敲了門後竟有點想哭，找她那麼難；同她靜坐了那麼多夜，卻毫無所知，而她也許靜坐了四十五年？唉，女人這情到底是什麼呢？

門在我沒準備好時開了。

她站在那兒，呆呆的眼中也充滿了問號：「你不是走了嗎，你怎麼知道我年輕時的名字？」

我拉著她又坐回到窗前，不過這次我不再沈默了，我講了父親告訴我的故事。她聽著，淚水一滴滴落下，她沒有擦拭，我也沒有。

我講了故事之後很想發問，可我感到一種力量卡住了我，竟問不出來！曾被同行讚許的採訪技巧一點也找不到了。我只問了一句：「在想顧叔叔嗎？」聽到這話，她竟從椅子上無聲地滑了下去！

我嚇壞了！趕緊打電話叫總機幫助叫一輛救護車。總機有點猶豫：「欣然，深更半夜的……」

「人死不分晝夜，你能眼看著她死嗎？」我有點兒急得不講理了。

靜怡阿姨被送進了一家軍人醫院。醫生不准我旁觀他們的搶救和檢查，我只能從門上一個小小的視窗探望。我看見她深深地躺在那白色的世界裡，在搶救人員的七手八腳中毫無反應地承受著擺佈。我彷彿感受到她在自己的昏迷中沈沈地墜落下去：向著那無底的深淵墜落著，沒有人，沒有聲音，沒有色彩，沒有任何存在形式地落下去……太可怕了！

「哦，不，靜怡阿姨，醒醒吧。」我的淚水湧了出來。

一隻手輕輕拍了一下我抽動的肩頭：「別擔心，她沒事，只是太虛弱了，她好像受到了很大的刺激。心臟及主要器官的檢查指標都沒有什麼器質性病變，像她這樣的年紀，這種結果還算是好的。沒事兒，補充一些營養就好了。可她要配合治療，否則也會有麻煩的。」

我聽著醫生的話，心頭舒坦了許多，可我說不出一個字，我一陣陣地心痛：靜怡阿姨一定是被情感熬乾了，枯竭了。四十五年，不知道她經歷了什麼，是怎樣渡過那一萬五千多個日夜的，會不會四十五年裡她都這樣守著月光等著愛人……

好心的醫生看我不願離開醫院，便讓我睡到他們的值班室，我在自己繁亂的思緒中睡著了。在那個夜給我的夢裡面，有很多女人的喊叫、掙扎，睡得我很累很累！

第二天，我去看了她四、五次，她一直在睡，醫生說她會睡幾天，因爲她太疲勞了！

幾天裡她的眼皮微微動過幾次，可終未睜開。她太弱了，無力睜開自己的眼皮了。

終於在第五天的傍晚，靜怡阿姨醒了，她似乎反應不過來在哪兒。我用手指放在她的嘴邊，制住她那努力想張開的嘴。我輕輕告訴她這幾天發生的事。她聽著，用手摸索著我的手，握住，竭力地幌動以示一種謝意。她的第一句話是：「你的爸爸好嗎？」

靜怡阿姨靜靜說起了她的故事，淡淡的，沒有浪漫的描述，也沒有膨湃的情節，更沒有震撼的語言。

□

一九四六年，靜怡考入清華大學。第一天報到時，她第一次見到了那個後來讓她等了四十五年的男人：顧達，他在默默幫助別人拿行李，簡直像大戶人家的書童！開學後，他們在同一個班。當越來越多的男孩發現靜怡的甜美可愛而追求她時，顧達卻常常遠遠地躲在校園或教室的角落中看書。除了知道有這麼個書癡以外，靜怡實在不知道顧達有什麼特長。

有一個大雪後的晴天，學生們紛紛出來堆雪人。靜怡冒出一個點子：堆兩個雪人，用糖葫蘆當作雪人的鼻子和紅臉頰，然後男女各一組，蒙上眼去親吻雪人，準確找到位置的人自然能吃到那糖葫蘆，而找錯的人一定會啃一臉雪！全班二十幾個人紛紛表示贊同，可誰去買那糖葫蘆呢？冰天雪地，那時的交通幾乎就是步行，而且從清華校園走到北平城的市中心那買得到糖葫蘆的地方，得走幾個小時！平日那些在靜怡面前顯能耐稱豪的男學生一個個都不作聲，有幾個還悄悄躲回宿舍了。靜怡覺得好沒有意思，也就罷了。

第二天大雪又開始新一輪的鋪蓋，學生們都在教室裡看書，誰也沒在意多誰少誰。大約在晚自習上到一半時，昏暗的燈光下走進來了一個混身結冰的人，大家十分詫異。冰雪人走到靜怡前，吃力地從那已凍結成一體的口袋裡拔出了兩個北京大糖葫蘆（每串約八十公分），還沒等大家看清那雪人是誰時，他已經快速轉身離開教室了。

只有靜怡看清了他，那是顧達！

當同學們興高采烈計畫著明天可以實施靜怡的遊戲了時，靜怡愣愣站在那兒……

第三天的雪人遊戲顧達沒有參加，同宿舍的同學說他一直在睡覺，好像吃了迷魂藥。靜怡很不安，她知道顧達一定是累壞了！那天晚自習時顧達來了，仍坐在他的角落裡獨自看書。

靜怡看到顧達來上課略有心慰，下課時她停下來對走在後面的顧達說：「謝謝」。顧達略帶羞澀地一笑：「沒什麼，我是男孩。」

「沒什麼，我是男孩。」平平常常的一句話，讓靜怡第一次感受到男人的偉岸和堅強，感受到了那些文學作品中女主角徹夜難眠思緒萬千的經歷。

靜怡開始越來越注意觀察角落裡的男子漢。顧達對她的毫不在意，與那些嗡嗡繞的男同學形成了極大的反差，使得靜怡越來越強烈渴望能被顧達關注。陌生和距離，有時就是互相吸引的捷徑。靜怡開始找藉口跟顧達說話，而顧達總是不卑不亢地應答，言語中幾乎沒有令姑娘興奮激動的詞句。可靜怡從不怪罪什麼，反而更生嚮往：有一天顧達會大笑，會拉著她走出清華園去看鬧市……

靜怡對顧達的熱情，激怒了那些追求靜怡的男孩子。他們譏諷顧達的木呆，又嘲笑顧達是「癩哈蟆想吃天鵝肉」，最後竟指責顧達在玩弄姑娘的情感，故意用冷漠來戲弄女孩子。當然這些都是靜怡不在場時發生的。後來有位女同學告訴了靜怡，靜怡氣壞了，她問女同學顧達是怎麼面對這些的。女同學說：「顧達好像真的很木，他只說，當事者最清楚眞僞。」

靜怡很欽佩。對靜怡來說，眞正的男人是不在浪尖上打轉兒的，而是經過大浪淘沙的。可同時，靜怡也眞有點懊惱顧達那麼長時間的不冷不熱。

第一個學期的考試前，不知怎麼一連兩天顧達沒有上課，同宿舍的人又說他在昏睡。那是一個男女間清規戒律很多的年代，靜怡不能去顧達的宿舍看望他。但她不相信顧達只是在睡覺。於是，第三天中午，靜怡悄悄離開教室，而別的人都在趕著複習準備考試。靜怡輕輕推開顧達那沒有鎖的房門，看到顧達眞的還在睡，可是臉很紅很紅。靜怡輕輕拿起他放在棉被外的手，準備把它放入被子裡，發現顧達的手滾燙滾燙！她顧不上考慮那男女授受不親的家訓，急忙用手去摸顧達的臉和頭。天哪，那麼燙！靜怡大聲喊著顧達，可顧達沒有回答。

靜怡慌忙跑回教室大喊救人，大家嚇壞了，趕緊分頭找老師找醫生。後來。醫生說幸虧及時發現，再晚半天，顧達的急性肺炎就會要了他的命！那時的清華園裡沒有住院設備，醫生說得吃十幾副中藥才會好，而且希望他的家人或什麼人能給他做些護理，比如用冰塊擦手心腳心，用冷毛巾捂頭啊什麼的。

顧達的家在江南，根本來不及通知他們，也根本趕不及上來照顧顧達。而顧達從未提起有親朋在北平。就在大家七嘴八舌議論紛紛怎麼辦時，靜怡走到醫生跟前，輕輕說出一句把同學們都驚呆了的話：「我來照顧他，顧達是我的未婚夫。」

從來沒有人想到靜怡會同顧達有這種關係，更多的人不相信，可又不能不信，這可是靜怡自己說的，那無異於一個正式的宣佈。這種宣佈在那父母作主婚姻的時代，即使在新潮學府，多少也有晴天霹靂的效應。靜怡沒有想太多，她只知道顧達需要有人照顧。

教務主任非常善良，他安排與顧達同住的男生到另一個宿舍，這樣顧達可以安靜休息，靜怡也可以在床上坐靠（可她決不能睡在那裡）。

每天靜怡爲顧達冷敷，熬藥，爲他擦洗餵飯，一連十幾天，同學們總能看見顧達的房間燈亮著。屋內飄出中藥的味道，伴著靜怡低聲的哼唱，一支支都是江南的歌。

在靜怡精心的照護下，顧達恢復了。醫生說他是從死神那裡走回來的。這也培育出了顧達和靜怡的熱戀。

沒有人非議他們。

在此後的四年大學生活中，他們互勉於學習，互愛於情感，互助於人生，一天天的時間成了他們相戀的見證。他們從未疑惑過這份戀情。共同的人生理想，使他們加入了當時秘密的地下共產黨，那信仰爲這對年輕人帶來了對新時代、新生活的嚮往。

他們大學畢業時也是新中國建立之期，公開了的政治身份使他們受到了社會格外的重視。很快，軍代表分別找到他們，懇談建設祖國軍工的設想，他們是學機械的，在搖籃中的祖國需要他們的知識，而建設軍工更是國防的最重要的基礎。一切來得很鄭重，很有使命感；一切來得又那麼快，那麼簡單。無條件地服從，是他們唯一能做的，這包括他們必須分別。

靜怡說，分別前他們的計畫是：一年後帶著各人的成績相會清華園，然後去北京城吃糖葫蘆！然後雙雙向組織申請結婚（那時是要黨組織同意的），然後到顧達家鄉江南的太湖邊建立自己的小家養兒育女。這約定像一幅美麗的畫，牢牢印在靜怡的記憶中。

誰也沒想到，第二年兩個人都因朝鮮戰爭的軍需任務而被限定在自己的軍工單位；第三年，靜怡被借調到中原地區參加一個特別的軍工研製工作，不能外出訪友甚至探親；第四年顧達被調派華東一個空軍基地進行新機型內部結構的改造研製。在靜怡的情書盒中，從一個換過一個位址的信件，看到新中國對人才的急需，也看到他們在中國軍工事業中不可缺少的作用，同時看得出他們越來越難互訴衷情，再見面似乎越來越難。

「黨的任務」與「革命的需要」，一次一次改變了他們約定相會的時間，甚至中斷了他們的書信。終於，靜怡在五〇年代末的政治運動中，因家庭背景問題被隔離審查，後來她又被遣送到了陝西農村「鍛鍊改造」。在那時，一切都得服從於政治運動的需要，即使是國防重任也是要爲「階級鬥爭」讓步的。靜怡徹底失去了人身自由，沒有通訊和自由出入的權利。她苦極了，她思念顧達幾乎快瘋了，可那些負責改造她的貧下中農無法理解，他們不能違抗毛主席的話，讓靜怡去進行特務或是取得反革命聯絡！後來純樸的農村幹部給她指了一條路：想要改變身份獲得自由，最有效的方法是跟農民結婚。跟農民結婚？在她熱戀顧達時，爲了獲得見愛人的自由竟而帶著另一個男人，這是太殘酷的條件了！

「拒絕」的結果，她在那個農村的田間作了近八年的農民！

六〇年代末的一天，縣上來人要靜怡準備「調動」，靜怡讀到了她的調令是因「抓革命促生產」的需要，更是反蘇修的需要。她原在的軍工基地急需研製蘇式武器，以保證反對修正主義侵略的軍備。他們需要靜怡。

一回到軍工基地的靜怡，便開始做兩件事：

一，證明她是她自己。八年多的鄉野農活把她催化得蒼老許多，同事們認不出她，也不敢相信她是否還有以往的知識和聰慧。他們給她測試，聽她作項目分析，讓她講述過去的事。一個星期後，他們的結論是，她是她自己，她是仍然才華橫溢的靜怡。

二，聯繫顧達。她的上級和同事都很同情她，更爲她的忠貞感動，紛紛爲她打聽。可三個月後唯一的答案是，顧達在文革一開始就因反動權威和涉嫌國民黨特務被關押了，至於關押在哪裡，誰也說不清。幾個相關的監獄、牛柵、幹校問遍了，都是好像有過這麼個人，但已轉走了。被轉到哪兒？沒人知道。

這以後的工作對靜怡來講，比她眾多的同學或同事都幸運得多。她因才華得到了保護，基地領導一次一次巧妙地把她從狂熱的紅衛兵及殘暴的政治運動中保了下來。她很感激他們。靜怡對基地的報恩跟理解，爲基地帶來了幾項大的科技成果。

靜怡從來沒有停止對顧達的尋找，她去過顧達可能去過的所有地方，甚至去了他們夢想中的太湖邊，她用兩個星期的時間在朋友的幫助下圍繞著太湖尋找她的愛人，可都毫無音訊。八〇年代開放後的中國，人們從漫長的惡夢中醒來，急於整理被惡夢搞亂的一切，也有很多人在尋找惡夢中失散的親友。靜怡的信、電話、詢問在那如海的尋找中顯得那麼一般，沒有人感同身受，因爲顧達不是他們的愛人。而且文化大革命使中國的男女麻木了一切情感，很多人所擁有的只是生理的需要和政治的安全。

「不甘心」支撐了靜怡的愛，也支撐了她的事業和身體。

在九四年的清華校慶，靜怡帶著幾十封求助信和列印好的聯繫地址來到北京，她期盼老同學們能幫忙。她一拿到校慶出席者名單，便急急查找著是否有顧達的名字，結果如以往一樣：沒有。

校慶的第一天，來自中國南北東西的人們彙集在清華園：工字廳和各個系館門前聚集了一輩又一輩的師兄弟姐妹們，其中既有兩鬢斑白的老人，也有正當盛年充滿朝氣的年輕人。年輕人往往是遠遠地大叫、興奮地彼此招呼，時間還沒有給他們太多的變化。而老人則顯得猶豫，大多是在走入標有年代班級的教室後，才彼此從那被劃定的小範圍內互相辨認；四十幾年的歲月以及經歷的滄桑把他們變成了「新」人，只有在相認後彷彿才能再品味出年輕時那熟悉的音容笑貌。所以沒有人認出靜怡，靜怡也沒能立即找到自己的同學。

可當靜怡在會場工作人員指引下走向她的班級教室裡時，她一眼看到了一個無論滄桑如何變遷也無法使她感到陌生的身影——那是顧達！

噢，顧達，她的愛人！靜怡激動得幾乎要倒下，她覺得她的心要跳出來了，渾身發抖。身邊的小學妹扶住她，關切地問她是否有心臟病史？她說不出話，一手擺著算作沒有事的回答，一手指著顧達，身體向前奔，然而腳卻重得挪不動！

她努力「搬」著自己走向顧達，那幾步遠的路，她走了四十五年。她的情和思念積累得那麼重！就在她張口要呼喚愛人時，一個熟悉而又可怕的聲音傳入她的耳邊：

「來，介紹一下，這是我愛人林珍，這是我老大顧念華、老二顧靜華。哪，這是老三顧怡華，對，對我們剛剛到，還沒有領資料就被安排入座了……」

顧達的愛人？三個女兒？顧達結婚了？聽到的話一下把靜怡冰凍了！她彷彿沒有了呼吸，沒有了生命！

這時轉過身的顧達也被眼前看到的靜怡凝固住了，他楞在那裡！他太太問怎麼了，他用顫抖的聲音說：

「這，這是靜怡!!」

「靜怡，她不是——！」顯然她太太聽過這個名字。

兩個不能自制，也不能走向對方的戀人，老人，馬上被特別安排在旁邊一個小辦公室裡敍談。他們什麼也說不出來。隨後進來的顧太太眼圈紅紅地告訴靜怡，他們是在獲得靜怡不在人世的消息後結婚的。她說完這句話便要起身出去，靜怡叫住了她：

「請，請別走，我們擁有的是年輕的以往，不是家庭和現在。你們擁有一個完整的家，請不要傷了這個家，我知道顧達很幸福，我會更欣慰的。」靜怡言不由衷，卻很眞誠。

跟進來找父母的小女兒得知後幫著解釋：「我們三姐妹的中間那個字拼起來是一句話：念靜怡，父母說是紀念您的。文化大革命錯亂了太多人的命運，請您能理解我的母親父親。我們剛回到江西，那是父親的老單位，歡迎您來我們家住幾天。」

靜怡一下子感到了一陣冷靜。她不知道是哪來的力量，站起來握著顧達太太的手說：「謝謝你們想著我，謝謝你讓他有這樣美好的家，我今後會更高興的，因爲少了一個牽掛！走吧，我們一起去開會吧！」

所有的人被靜怡的冷靜、坦誠「命令」著走向會議大廳，待他們坐回原座位後，靜怡卻悄悄地離開會場，回到了賓館。她燒掉了那些爲尋找而求助的信和通訊位址，那火焰燒掉了她的焦慮，也燒掉了她的希望，同時溶解了她的冷靜與理智！她倒下了，沒人知道……

幾天後她掙扎著給單位打了一個電話，說是請假幾天，希望領導儘快答覆，接電話的同事說有一個署名顧建的人發來電報，請她儘快跟他聯繫。靜怡這才明白，顧達改名叫顧建了。所以她打聽不到「顧達」的消息，爲什麼改名呢？她不知道。

一無所有的靜怡，坐火車南下來到了太湖邊。她本想找一個她跟顧達夢中的新房，可她沒有體力也沒有錢再如願了。於是，她住進了那個太湖邊的小旅館。

□

靜怡舉起她羸弱的手在空中畫了一圓，說：

「四十五年的日月星晨，分分秒秒的思念，使我的淚水聚集成了一個『想泉』。那泉水中有我的太陽、月亮，有我的期盼、未來。我天天在這泉邊梳理自己愛的信仰和等待的信心，我曾相信我的愛人會從這泉水中走來，把我擁入他的懷中。可當我終於盼到了他時，他走來了，他跟他身邊的女人一起走來了。他們的腳步攪亂了我那池水的畫面：太陽、月亮沒有了，期盼、未來也在顫動中沒有了。我也無法在那池水邊梳理自己的情感和信念了！

「我要是想繼續我的生命，我必須清理掉顧達，清理掉我的情感。可這一切如水一般，能從生命中清理掉嗎？我原指望太湖幫我，可那四十五年的東西太難清理了！」

靜怡無可奈何地說著，而我能幫助她清理掉嗎？我想我不能。

面對空空的她，我不知道該說什麼，能做什麼。我想，沒有言語能塡補她那被四十五年的等待佔滿而又被現實掏空的情感，我再一次發現語言是那樣的蒼白無力，它根本無法安慰一顆將要枯竭的女人心。

我打電話給父親，希望他跟母親能來無錫陪伴靜怡阿姨幾天，因爲我得回去看我的小兒子，而且我也得上班了，而我不願讓靜怡阿姨獨自再做那沈重的「清理」。

一個星期後，雙親回到了南京。父親說他取得靜怡的同意跟她的單位聯繫了，她的單位找她找得著急，立刻就派人趕到無錫。

另外，父親也告訴了靜怡爲什麼顧達改名。關押顧達的第二個監獄的紅衛兵頭頭，也叫顧達，因此顧達必須改名；他們給他個名字叫顧建，而且擅自把他的所有資料上的名字都改了。顧達爲改回原名，力爭多次可都被戶籍管理人員拒絕了：「文化大革命的錯，誰能改得完？」

後來有人告訴顧達，他千方百計托人尋找的靜怡早在二十幾年前一次車禍中喪生了，他便決定讓顧達這個名字隨靜怡一起消失！而實際上又是一個姓名錯誤的傳說！

四十五年間的錯不僅來不及改、改不完，而有些卻無法改了！

□

靜怡說，女人是水，男人是山，你能理解這句話嗎？有水的地方有生命，有女人的地方一定有情，可以這樣說嗎？

我在我的熱線節目中提出了這個問題，一個星期內我收到了兩百多種回答和解釋。其中的十幾個字條來自於我的同事們。大李的字條上寫著：「中國的男人是女人生命之水裡倒影中的山，中國的女人是從男人那偉岸的山上彙集出來的水。」

第十一章　國民黨將軍的女兒

檢查報告上寫著，詩林的上身胸部有被咬破後留下的齒痕，有一個乳頭被咬碎了一部分，下身的大小陰唇殘缺不全，顯然是人為傷害，子宮頸嚴重損壞，子宮破漏，並從中取出了一個不知道在裡面留存多長時間的殘枝。

我節目中所討論的話題時常會引起激烈的辯論，有時，我同事們也會加入進來。

一天早上大約八點半鐘，我在電梯口遇到老吳主任。老吳是我很忠實的聽眾，他對我說：「咋晚你們幾個女聽眾討論的話題很有意思。人們都說同情殘疾人理解殘疾人，這同情是很容易做到，可理解就眞的不容易。有幾個人能擺脫健全的意識，去以合適殘疾的角度去理解殘疾人呢？還有，先天殘疾和後天致殘的人又會有根本不同的感受，理解他們也是難題。當然……嗯，亮紅燈了？」

電梯上到一半，警報燈亮了，因爲是常有的事，大家也都不緊張。萬幸的是正好停在樓面地區而不是卡在兩層之間。電梯的門很快被一個維修人員打開了，據說他是最有「人緣」的人。走出電梯的老吳主任說著他的最後一句話，那像是個命令：「欣然，找個時間跟我聊聊，別老想著你的聽眾朋友，聽見了嗎？」

「聽—見—了！」我大聲回答。

「你聽見了，欣然？」迎面走過來的節目監製問我。

「聽見什麼？我在跟吳主任說話，不知道你說是聽見什麼？」我知道是陰差陽錯了。

「我以爲你聽見了編輯部的議論，他們在爭議你昨天的節目呢。」

「爭論什麼？是話題？是聽眾？還是我？」我有點緊張。

「他們在爭議是先天殘疾最可悲呢，還是後天致殘最可悲。」他說完就走了。

節目監製講得不錯，七八張嘴在編輯部爭論，連技術部的兩個技術員也參戰了。那本是個一般的話題，可他們那麼投入，面紅耳赤，幾個筆尖戳得桌面像擊非洲鼓！我有點害怕，昨晚聽眾的反應已讓我領教了這個話題的難纏，一直到大半夜三點多我才接完電話回家。但現在我得進去拿信件。於是我悄悄溜進去，抱起信件和我昨晚挑選好的節目音樂帶，趕緊溜向門外，生怕他們把我捲進去。剛剛走到門口，老陳大叫一聲：「欣然別走，你點的火，你得滅了。」

「我等會就來，頭兒要我去一下。」我嚇得頭也沒回就跑到我的主任辦公室「避難」去了。一進門，臺長正等著我：「想曹操曹操到！」

「這兒有份電話記錄，是很重要的採訪線索，你看一下，拿個想法出來，下午就要！」

電話記錄上說，有個國民黨中將的女兒住在一個精神病院，請回電給這個醫院的李醫生。

我撥通了那位李醫生的電話。

他說：「這是一位國民黨中將的女兒，是後天癡呆。據說她曾獲得過江蘇少年作文大獎什麼的。可現在……對不起，我能不能跟你見面談這事？」

「沒問題，什麼時候？」

「今天下午一點半可以嗎？」他也很爽快。

「好的，一點半見。」我一口答應了他。

□

在醫院見到的李醫生，是個語言很簡潔的人，幾句話之後他便帶我去到那個將軍女兒的病房。病房裡，白色的景物中一張蒼白、毫無表情的臉轉向我們。

「詩林，這是欣然，是來看你的。」李醫生說。

「欣然，說這些對她都沒用，她的神情檢測反應近乎是零。不過，我總覺得應該這樣對她有禮，因爲她是後天癡呆的，她曾懂得正常的情感、語言。

「昨天她家人聽了你的節目，請我代勞約你，說是她的故事可以證明你節目中聽眾爭論的誰是誰非。請你在這兒等一下，她們應該到了。好了，我得去値班了。」李醫生說完就匆匆走了。

我試圖與詩林交談，可她只是用表情告訴你她知道你在講話，但講什麼她沒反應。我從來沒有這樣面對過一個癡呆病人，不知道該怎麼辦，索性掏出素描筆爲詩林勾一張畫。她一動不動，她不知道我做什麼，她也不管不問。

詩林很是秀美；看上去已是四十多歲，可眉宇間很清秀，臉部五官很匀稱，筆直的鼻樑引導你注視她那細長的眼，眼角微微上翹，似乎有一個隨時可以出來的笑意，薄薄的嘴唇很有中國古典仕女的味道。

一張畫沒畫完，詩林的親友就來了，那是她的姨媽和表妹娘兒倆。詩林的姨媽王月看上去很有教養，舉止談吐都很有分寸。詩林的表妹王玉，三十來歲，在一家雜誌社當會計。

王月說，前一天晚上，他們一家人睡前照例把收音機打開，聽著我的節目。他們聽著聽著，就都把另一部分聽眾當「敵人」了，他們一家人認爲，某些聽眾認爲天生殘疾比後天致殘的人可憐多了的這看法太沒道理了。他們不知道那些後天致殘的人是多麼痛苦地感受那種「失去」，那種永不再擁有的嗎？知道跟懂得而後失去又得不到，不比那根本不知的人更悲哀嗎？王月說，一家人也不睡了，最後決定以他們身邊親人的遭遇來推翻那些「毫無知識」的理論。她說，詩林的遭遇是最好的見證。

□

詩林是一位國民黨將軍的女兒，在家中是老么，上有兩個哥哥一個姊姊。二次大戰之後，她的父親在蔣介石的軍隊裡被晉升爲將軍。蔣介石幾百萬被英美武裝了的軍隊被打到了臺灣。急轉而下的形勢令許多國民黨的將領來不及安置他們的眷屬，詩林家便是如此。

七歲的詩林在北平的外婆家住了兩年，一九四九年春天準備回到南京的父母家上學。母親寫信說詩林的父親在外征戰，孩子們得有人照管，走不開，所以不能來北平接詩林回寧，而詩林的外婆體弱多病也不能送她，所以雙方安排詩林的小姨媽王月護送她回南京。那時正值國共決戰。她們到達長江邊時，渡口剛被部分封鎖，大量靠輪渡運送的貨物堆集在兩岸，幾個運輸火車的渡江航線也很快被關閉了。小詩林在小姨媽陪同下焦急地等待何時能渡江的音訊。然而，很快傳來的消息是雙方要在南京開戰，中國人民解放軍要渡江作戰了。怎麼辦？只能等。

等到她們隨著人潮湧入南京時，詩林家的房子前已插著一杆紅旗，裡邊住進了許多解放軍。小姨媽王月很聰明，沒有在那房子前停留，她帶著詩林沿著周圍的小店、茶館打聽著詩林一家人的消息。沒有人能說出準確的資訊，大都只是看見他們裝車運箱子，知道他們辭退了許多幫傭，有人說是解放軍渡江的前一天突然不見了這家人的蹤影。按如此情形看來，詩林一家應該是到臺灣去了。

他們走了，沒能來得及帶走自己的小女兒！

緊接著，北平王月家傳來了母親因反動親屬而在政府抄家時猝亡的消息。北平回不去了，王月也失去了家人！王月帶著詩林呆坐在南京下關的一個小旅館，不知該怎麼辦。一天，好心的店主對王月說：「你不是說你識字嗎？新政府正在招人辦新學呢，你應該去試試。」王月將信將疑，毫無準備也毫無計畫地前去報名，可竟被錄取了。新政府的學校還分配給她們「娘兒倆」（她們爲了不以眞實身份曝光，就以母女相稱，其實他們只相差十三歲）一小套房子，並幫助她們添置了簡單的生活用具，當然詩林也可以在王月的學校就讀。

爲了防止小詩林大意暴露了身份，每天早晨王月得作兩件事，一是盡量老化自己，二是告誡一遍小詩林千萬不能講出她爸爸媽媽的名字，不能提及過去家中的事。可孩子畢竟是孩子，天性好強的詩林雖然天天牢記姨媽媽的叮囑，但她並不懂其中的含意，更不知那會引起什麼樣的災難。一次跟小朋友玩骨仔（編按：一種羊的腳踝骨，呈四方形）時，詩林說爸爸送給她的骨仔上還有小寶石呢。一個孩子回家談起這事，引起了那家大人的注意。那是一個紛紛撈取政治資本以鞏固自己階級地位的年代，很快，駐軍的代表通知王月交代「死去的丈夫」，即詩林爸爸的身份，爲什麼一個教書匠會有鑲寶石的骨仔？那些在雞蛋裡找骨頭的無產者們，彷彿嗅到了這母女倆的特殊氣味。

一天夜裡，王月所在學校的老校長慌慌張張跑來對她們說：「快走吧，他們要抓你了。跑得越遠越好，千萬不要回南京，有人說詩林是國民黨將軍的女兒。你可犯了包庇反革命罪了！我也不想聽你解釋，這年頭知道越少越好。快跑吧！別收拾了，說不定他們還會封鎖江岸呢。快走！以後有事再找我，找我時就說你是韓曉我就知道了，那是我的名字蕭漢倒過來唸。好，我得走了，要是讓解放軍碰見了，我一家老小也得遭殃了！」

於是，黑暗中，王月拉著半醒半睡的小詩林向南京城外走，可該往哪兒去呢？到哪兒才算安全，才算夠遠呢？才二十出頭的王月急得要掉淚。兩人走了三個小時，天色微白了，可她們好像還在南京城旁邊。怎麼辦？最後，小詩林幾乎走不動了！王月拉著詩林在路邊的小灌木叢中坐了下來，地上全是露水。她們饑寒交迫。王月說她永遠忘記不了那天的情景，詩林太累了，一坐下來就倒靠在王月身上睡著了；王月自己又累又怕，不知今後飄落何方，越想越傷心，最後竟在抽泣中睡著了……

不知道過了多長時間，王月在幾聲輕輕呼喚聲中醒了，一對中年夫妻跟一個大男孩站在他們的身邊，關切地望著他們：「你們怎麼睡在這兒？又冷又潮的，快醒醒，找個人家或什麼地方再睡，不然會生病的。」

「謝謝。我們走不動了，孩子太累了。」

「你們去哪兒？」女人邊問邊打手勢叫那大男孩去抱詩林。

「我不知道，我只想離南京遠點。」王月不知道該怎麼講。

「逃婚是吧？唉，帶著孩子多難！」女人很善良也很同情他們：「等等，我跟國維的爸爸商量一下。這是我兒子國維，這是他爸爸。」

站在一旁的男人顯得很文縐縐的，他說：「別商量了，大家趕路要緊。我們一起走吧，人多總是好辦事。再說這孤兒寡母的，我們怎麼能撇下不管呢。來吧，把那包袱給我吧，國維負責小妹妹。婷，搭個手拉她一把。」男人的話不多，但把她們分配得溫暖如春。

路上，王月得知，這一家人是兒子讀完高中（那時已算高等教育了）後正打算離開南京回到揚州的。男人王鐸，一直在南京城內辦學教書。女人劉婷，上過女中，平日幫助丈夫料理一些教務，並兼管財務。他們只有一個兒子，王國維。

王月沒有敢以實情相告，含含糊糊講有些難言之隱，他們也不多問。因爲那時，有知識的人都知道多說不如少說，多知道不如不知道，因爲新的統治者會是什麼樣誰也不知道。加上清王朝結束後，中國長期陷入軍閥混戰，幾乎一直就是內外戰亂。特別是在當時的近四十年中，日新月異的改朝換代，搞得人們根本來不及適應交替莫測的朝綱民法。所以那個時期有句話很流行：「莫談國事，少說家事，多一事不如少一事。」

揚州離南京很近，在地圖上是近鄰，是一個非常美麗的江邊小鎮。王鐸和劉婷在揚州的瘦西湖邊有一幢祖上傳下來的宅院。瘦西湖位於揚州西北郊，是中國著名的風景名勝，原是一段自然河道，經過歷代的疏浚治理，建造園林，逐步形成今天的景觀。瘦西湖的美主要在於蜿蜒曲折，古樸多姿，湖面時寬時窄，兩岸林木扶疏，園林建築古樸多姿。

王鐸家在這風景如畫之中的古宅院原是一所私塾，是王鐸祖先教書的地方，後來戰亂，人心惶惶，就關掉當家宅了，王鐸成家時收了這份祖業。因揚州畢竟是小鎮，所以想辦學的王鐸很難展示自己的鴻圖，再則他想讓獨子有個好學業，於是舉家遷往南京十幾年。可國不安人無甯，王鐸倍嘗動盪創業的艱辛，幾次想返回揚州靜心著書，可都被劉婷勸說住了，劉婷想保證兒子讀完高中。所以四九年國維完成學業，王鐸便毅然而然謝絕了南京社會各界的勸告，攜帶家人重返故里。

揚州的家在一位老管家夫妻倆的照料下，很整潔。雖然房舍家俱有些破舊，看上去仍是充滿了書香之氣，王月很喜歡生活這樣在的氛圍中。

剛到揚州，王月與詩林同時發高燒，劉婷忙不迭爲他們請郎中、熬中藥。老郎中說，她們是疲勞過度受了驚風，得調理壓驚解風。大約十幾天後，兩人漸漸恢復，可王月發現小詩林變得沈默寡言。有時王家大院的人引她去見鄰居的孩子，她總是躲在大人後邊，這與以前活潑如小鳥的詩林可不像一個人了。王月當時想，可能是那些在南京最後的日子讓詩林害怕了，有些心有餘悸，但她想很快就會好的，畢竟才七歲嘛。

有一天，劉婷對完全恢復了健康的王月說：「我丈夫講你的文法不錯，如果你願意，可以留下來幫助我們做些文字的整理工作。一來幫我們的忙，二來你也不必再找地方安家。如果你不嫌棄，可以對我們叔嬸相稱。國維比你大半歲，你就叫他哥哥好了。我們也願意幫助你帶看小詩林。你想一想好嗎？」

這對舉目無親、走投無路的王月來講眞是感恩不盡！於是，王月帶著詩林就這樣住在了王鐸的大院中。

五十年代的揚州比起一些大城市，政治氣氛平和多了，那裡的人似乎也不太熱衷於政治，文化的傳統使揚州人安居樂業。王鐸一家的眞誠、善良、友好以及文人的氣質，使王月很快淡化了幾個月以來的驚恐不安，小詩林每天被國維帶去上小學。那是國維剛開始任教的一所新成立的小學，國維很喜歡那不分貧富、充滿朝氣的、一切又都很新鮮的工作，學校也喜歡國維的才華，常把很多社會活動分派國維去做，使得國維幾乎天天處於極其興奮的狀態。小詩林因爲回到同齡的孩子中間，也漸漸忘卻了害怕。得要到後來發生了事情，人們才知道，詩林從沒眞正徹底走出南京城的黑夜。

國維漸漸成了這大家人的「外交官」或新聞發言人，而王月是他的忠實聽眾。每當國維的滿腔熱情被父母提醒或是冷卻時，只有王月表示出興趣和理解。有人說，愛聽愛說是愛的第一步，不想聽不想說則是愛的休止符。王月、國維也從這愛聽愛說中相愛了。到達揚州的第三年年初，他們訂了婚。訂婚的前一晚上，王月向王家三口講述了詩林和自己的身世，聽得劉婷拉著王月直說：「不容易，不容易。」王鐸對王月講：「詩林是你姐姐的孩子，也是我們的孩子，從明天起，你是王家的女兒，詩林就是王家的孫女兒。」

對小詩林來說，叫爺爺奶奶已成了習慣，叫王月母親也已不成問題，而叫國維爸爸就有點兒不容易了。特別是在同學面前改口。在王月與國維的婚禮上，小詩林竟在無人勸說下在眾人面前叫他們媽媽爸爸。「爸爸」國維驚喜得緊緊抱住小詩林。

這時，誰也沒料到，第二個爸爸問題所產生的災難又一次降臨到詩林身上。

詩林的學習非常好，一方面是家中上下都是教書人，隨時都在指導她，另一方面她自己也聰穎好學。很快詩林就連跳兩級，從三年級升到了五年級。到六年級時，學校派詩林代表學校參加江北地區作文大賽，詩林不負眾望，帶著第一名的獎狀回到了揚州；那年的江蘇全省少年作文大賽，詩林又帶著總成績第三的銅牌回到揚州。那天，王月和國維高興得不顧哭鬧的小弟弟（他們的第一個孩子），抱著小詩林在院子歡跳，一家人上上下下開心極了。鄰裡街坊都說眞是「將門出虎子」。

第二天，國維正在辦公室寫對聯準備迎接六一國際兒童節，有個女學生氣喘噓噓趕來找他：「王老師快去，詩林跟別人吵架呢，那麼多男孩子在罵她。我們女孩不敢幫她，男孩子們說誰幫她就打誰！」

「爲什麼？」王國維大吃一驚：「男孩子不是都對她滿好的嗎？」

「您，您去就知道了！」女孩子吞吞吐吐，國維覺得奇怪。

可國維還沒走到校園的小操場，就聽到了男孩子們的叫嚷：「假正經！野種！」

「雜種就是聰明麼！」

「問問你娘那個漢子是誰，是不是路邊的醉鬼！」

天哪！國維渾身熱血沸騰，他不能想像詩林怎麼能受得了！國維狂奔過去，幾拳打倒了幾個正在圍觀叫喊的孩子，一下子抱住詩林，大聲地喝問：「誰說我不是詩林的爸爸!?誰敢再說一句，我讓他永遠不會開口！不信你試試。」

那些男孩子一下被國維的怒吼驚呆了，然後一下子全跑掉了。

在國維懷中的詩林在顫抖，臉色蒼白，滿頭大汗，嘴邊被她自己的牙咬出了血印！

回到家後，詩林又高燒不止，嘴裡嘟嘟叫不停：「我不是雜種，我有娘有爹！……」

劉婷和王月淚流滿面守護著她。出診的醫生說，詩林恐怕受的刺激太厲害，心跳也不規律，醫生希望家人要盡快幫她退熱，否則會神精錯亂的。那位大夫非常奇怪，只有十二歲的孩子怎麼會受到這麼大刺激？

國維內疚地向每個人不停地說對不起，說他沒有照看好詩林。可誰都知道這不是他的錯呵。

事後國維查出是一個大點兒的男孩子要摟抱詩林，詩林拒絕他，並要他「正經」點兒，他惱羞成怒，指著詩林說：「你以爲你是誰，你是哪兒來的，你看年你臉上哪有王國維的影子。你回去問問你那小娘，偷了哪兒的漢子，搞出你這麼個雜種？你還假正經？」接著他命令那些站在邊上的小男孩跟他一齊罵，並揚言誰不聽他的他就給誰厲害看，結果發生了那可怕的一幕。

國維找到那個孩子，全然不顧教師的尊嚴把他臭揍一頓，他沒想到，這一舉動使他日後爲此付出了龐大的代價。

□

退燒後的詩林，顯得陰森森的，有點可怕。她不言不語，常常一個人待在房內不出來。那時臨近升學考試，大家都以爲她在複習功課而不想被打擾。只有王月心裡幾次掠過不安：詩林似乎有些反常。可她不敢把這種揣測告訴大家。那時反右運動已波及揚州，很多文化知識少的人認爲這是「吃大戶」的機會——這是中國自明朝以來一個「均平富」的方式，即攻擊有錢人家，哄搶他們的財產。於是，那些藉口革命的人紛紛排列大戶名單，找碴兒鬧事。而王家排名在這大戶與一般老百姓之間，所以不定哪天也會被那些頭腦發昏或是有些小恩怨的人歸為大戶，找事出氣呢！

詩林的考試沒有以往那麼優秀，但也是第一類學校的成績。詩林考上的那所中學離王家不遠，這使王月很放心，她可隨時照顧詩林。進入中學的詩林開始顯得有些沈默不語，在家中她倒常常問起王鐸何以中國發生這些政治運動，國民黨與共產黨之間到底有多大仇恨。她也時常問王月有關她自己父母的情況。但王月對姐姐姐夫的情況並不了解，姐姐離家南下求學時，她很小，姐姐結婚時，她只有三四歲，如何對詩林說得清呢？可詩林認為這是王月不要她多想。王月看得出詩林長大了，開始想知道自己的一切，包括那幾乎不在記憶中的父母、哥哥、姐姐。

文化大革命剛開始，王月未婚便有詩林這個女兒的情況，便被當成王月「反革命」的罪證，被紅衛兵發現了。王月拖著已有幾個月的身孕（第二個孩子）多次被紅衛兵揪去批鬥，可王月隻字不語。她知道詩林的問題是個交代不清的政治問題。緊接著是王鐸夫婦和國維都被關押、審訊，他們都一口咬定什麼都不知道。在圍攻他們的紅衛兵中，有一個便是那羞辱詩林後被國維揍了一頓的男孩子，他像抓住了尙方寶劍似的百般羞辱歐打國維，最後竟把國維的左腳打殘了！

詩林是當事人，自然跳脫不掉，但造反派並沒有馬上審訊詩林，而是讓詩林隔窗觀望他們是怎麼樣拷問王家人的。幾天幾夜，他們不讓詩林睡覺，不讓她閉眼；他們扒開她的眼，揪著她頭髮，讓她看王國維流血的腳，看王月捧著肚子的痛苦，看王鐸老兩口顫抖的恐懼，還有那嚇得躲在角落裡大哭的小弟弟。詩林從顫抖到滿頭大汗又到毫無表情，最後就在那個紅衛兵又要用棍棒砸國維的右腳時，詩林突然用非人的聲音喊出來：

「不要再打了，不要再打了，他們不是我的父母，我的爸爸叫張仲仁，媽媽叫王星，他們在臺灣呢！」

霎那間，窗子裡外死寂一般，所有人都嚇呆了！

最快反映過來的是王月和國維他們，幾個人一齊撲過來拍打著窗子喊：「她說的不是眞的，她瘋了，她在瞎說！」

詩林呆呆地看著他們那悲憤地呼喊，突然大笑起來：

「我知道，我不是雜種了，我有親娘親爹！」然後，口吐白沫，倒了下去……

幾天後，那些紅衛兵告訴了王月他們一些連他們都不知道的，也不敢相信是不是眞實的「資料」，並以這些「史料」爲依據，把王家人統統關進了監獄。王鐸體弱多病，再也沒能走出那監獄；劉婷因長期睡在監獄的地面而半身不遂；王月在獄中生下了王玉，她說，叫小玉，一因她太弱太小，二因他們夫婦兩個王多了一「點」愁；國維則是住著拐杖回家的。不過，那都是那十年以後的事。

八〇年代末，他們碰見了一位那時批鬥他們的紅衛兵；他面帶羞愧地告訴他們，除了姓名和一張國民黨將領的集體照之外，所有的「資料」都是他們在一起像寫電影故事一樣拼湊的！

詩林那時還沒完全精神錯亂，情況時好時壞。於是紅衛兵們爲她找了一個「治病」的地方：去接受「貧下中農再教育」。詩林被送到了湖北的一個山區，因爲她神經時好時壞不能從事田間勞作，於是當地農民就讓她放牛。那是一個輕活，每天把牛放到長滿青草的山坡上就行了。可不久，村裡的男人一個個想法子跑到詩林放牛的地方。開始只是幾個人，後來竟成了全村男人公開的秘密。

原來他們發現，只要問一句：「你爸是誰？」詩林便會開始癡迷，有時會在大笑大叫後昏迷過去，而那些認爲女人就是「工具」的農民便上前強姦她！有時詩林會下意識地反抗，可那些男人像掌握了咒語似的，在誰也聽不見的地方大喊：「你爸是誰，你是不是雜種？」幾聲下來，詩林一定會崩潰，聽任那些獸性男人的擺布！

可憐的詩林，是在一位農婦與丈夫因此吵罵時才因爲被一位好心的大媽知道了後，收留在家中的，老太太站在村頭的石頭上大罵：「喪盡天良的東西，你們不是女人養的？你們沒有親娘嗎？你們要遭報應的！」

從這以後，詩林完全喪失了意識，她大腦裡一定是把語言當作恐怖和罪惡的大門了，她鎖上了這扇門！

八九年年初，王月找回詩林時，詩林不認識他們，他們也幾乎認不出詩林了：由於癡呆的關係，詩林以往的清秀、青春、聰慧已蕩然無存！他們帶詩林去醫院做全身檢查。王玉去取來了結果，不敢讓王月看。後來在王月的「命令」下，王玉把結果給了母親，果然王月讀著讀著，心臟病就犯了。

檢查報告上寫著，詩林的上身胸部有被咬破後留下的齒痕，有一個乳頭被咬碎了一部分，下身的大小陰唇殘缺不全，顯然是人為傷害，子宮頸嚴重損壞，子宮破漏，並從中取出了一個不知道在裡面留存多長時間的殘枝，那一定是那些性虐狂般的農村漢子們幹的！

病好的王月，打長途電話給那個村的村幹部，告訴他們她要上法院起訴他們。村幹部為難地說：「那樣可能全村的男人們都要去做牢了，再說你知道這兒很窮，娃兒們還指望他們的爹做活呢！」

放下電話，王月想起了一句話：「天誅地滅」。

為了那些孩子們，她沒起訴那個村的男人們。

王國維雖然害怕恢復記憶的詩林會更痛苦，但還是想讓詩林恢復意識，可七、八年了，他們試用了許多法子，終是沒有用。他們也曾想過是否可能用那句問話：「誰是你爸爸？」但想法一出來，嚇得兩人都不敢想了，也許，這句話會把詩林推入更深一層地獄！

□

王月說，她在臺灣的姐姐，也就是詩林的親生母親，臨終前告訴詩林的哥哥姐姐一定要找到詩林。當詩林的哥哥姐姐終於看到了詩林時，他們無法把眼前的詩林與父母的描述合成一個人，那不是一個聰慧活潑的小妹！可他們不懷疑詩林的身份，因爲這時的詩林太像他們的母親了。

王月沒有說出眞相。她不是怕擔責任，而是她知道，不在中國那個時代生活的人無法想像也無法理解所發生的一切，王月不希望種植仇恨，更不希望有親人再去翻看那些發生在詩林身上的故事。她告訴臺灣來人：「那是一次車禍，導致了詩林的癡呆。」那時，中國這趟車沒開好，王月心裡想。

「那，小妹當時很痛苦嗎？」臺灣來人很擔心。

「我想不會吧？好像她很快就失去了記憶。」王月編了一個不讓臺灣親人難過的謊言。

「那就好，那就好。」兄姐們似乎得到了一點安慰。

□

詩林失去意識前，痛苦嗎？王月說，她一直在想。

我告訴王月，我以為這不應該是問題。後天喪失意識的人，特別是精神失常者，事實上一定是苦極的結果！那極苦撐破了大腦，所以大腦不再有城門，一切記憶不再被鎖住，要是痛苦擠倒了所有的城牆，那腦中的一切便會變為廢墟，因為生命的意識也需要安全！

我覺得，其實，從南京城黑夜中出逃時，小詩林已感受到了人生中的恐怖與可怕。她生活中所有與其他孩子不一樣的，那自下而上的環境，也使她腦中沈積了許多痛苦的思考。她太善良、太聰明了。她不願給她的小姨媽及王家人帶來不愉快，所以她沒有尋找存放痛苦的空間，而是默默地把痛苦疊落在自己的腦海裡；那痛苦，在那扭曲的年代加倍地沈重了，最後，壓毀了她意識的城堡！

王月他們說得對，後天殘疾者對於過程和結果的承受都是正常人無法想像的。

□

那天，我趕回電台做晚間熱線節目時，時間已晚，同事們已下班回家。我辦公桌上放著一杯果汁，杯下壓著兩張字條：「欣然，辛苦！這杯果汁給你留的，今晚我會聽你的節目。晚安！（夢星留）。」

「明早，請把國民黨將軍的女兒採訪計畫交給我，辛苦。（頭兒留）」

我很感動夢星的關懷，臺裡人都說她是個「鐵母雞」，向來對別人是一毛不拔的，看來他們都錯了。

第二天，我抗拒了命令，我告訴頭兒，那是只能知道不可做報導的故事，頭兒很奇怪：

「你這次倒比更我了解尺度了，以往你總吆喝新聞力度不夠，今天怎麼啦？」

「沒什麼，我沒辦法覆述這個故事或編輯這個節目。」

「嗯，我還是第一次聽你說難。好啦，別那麼累了，希望你能儘快走出那故事。」

我沒能來得及同電臺辦公室的老吳主任談我這次關於理解殘人的話題。因爲，就在我採訪王月的那個週末，老吳主任在應酬的晚宴上因肝病猝然去世。我在他的追悼會上，在心中告訴了他我的看法，我相信他聽見了。

我想，人離世後，仍在活人的回憶中，有時你能感受到他的存在，還有他的音容笑貌。要是你的記憶城堡沒有破壞。

第十二章　走不出童年惡夢

那火燒掉了我快樂的童年，燒掉了我對生命的期望。火光中，一個帶著紅袖章的女造反派，拿著一把大剪刀走到我身邊，拿起我那兩條很讓我自豪的辮子對我說：「這是小資產階級的髮型，我得給你剪掉！」

詩林的經歷和老吳主任的去世，在我腦海中很長時間沒有散去。人的生與死以什麼爲界呢？記憶讓死活著，生卻被記憶弄死掉；希望使人們愛著，愛卻令人們失望著；而女人恰恰是生、死、愛之間的媒體。

我感到我的思想和女人觀開始從年輕激情的晃動中沈澱。這是一個很艱難的沈澱過程，猶如人身上繭子的形成，那是一個疼痛後的痲木。然而，我所看到聽到的和親身體驗到的中國女人的故事，一次又一次翻騰著我的情感，而那繭子是往我的心裡長的，越長越疼……

□

一次，我去參加省公安廳的表彰宴會，我因幫助他們策劃組織大型高速公路知識普及教育的活動而獲得國家公安部的獎勵，獎金不多但讚譽很高。後來這個「虛名」對我出入那些警戒區採訪那些特別的女人起了很大作用。

在宴會上，公安廳的梅廳長對我說：「欣然，我剛從湖南出差回來，給你一個資訊，是關於一個女犯人的，她出出進進好幾次了，沒什麼大事兒，都是因爲非法同居，定了她個流氓罪。聽說她的家史很慘，要是你有興趣，我可以給你派個車，爲你安排一下。」

他頓了頓，接著說：「中國女人不容易呀，我聽過幾次你的節目，很是傷感。當然，從過去走來的中國女人能有多少開心事呢。我老伴兒說，女人的笑是送人的，傷心是留給自己的。她很喜歡你的節目，可我不想讓她聽得太多，她太感情用事，一個故事能折磨她好幾天，我不喜歡她比我先走，我會受不了的。」

我認識梅廳長許多年，從未見過這個山東大漢有這樣細膩的情感。我知道很多很多中國男人不願意被人看到他們的柔情，他們在成長過程中被灌輸了超量的自尊。但我以爲，無論男人們怎樣掙扎擺脫，都不能避開他們本能中所具備的軟弱和對溫情的嚮往。

那天，我跟梅廳長聊了很久，這是我們第一次沒有爲了工作，不是爲了活動的策劃，也不因爲他人的聊天，聊的只是男人跟女人。

□

兩個星期後，正好是我的休假日，大約十天左右。我把盼盼送到了父母家請代照看，順便也讓我的小阿姨回她的家看看。一切安排好之後已是兩天過去了。一如以往，我不能讓臺裡和周圍的人知道我的私下採訪，我不想讓別人爲我擔心。

梅廳長安排的一輛公安吉普車把我帶到了湘西山區一個女監。這是從外部看上去與其他監獄幾乎完全一樣的建築群，灰暗高大的院牆上有電網、哨兵、探照燈，讓人一下子從輕鬆、懶散的心情收縮到戰爭的恐怖、緊張。那扇似乎只讓擁有權利的汽車與死亡的通行證才能通過的正門，緊閉著。我們只有進偏門的資格，那也是一種幸運——當我通過時，我這樣想。

馬蹄形樓體上的窗戶以形狀大小告訴你裡面有什麼：寬大破舊幾乎沒有玻璃的窗戶裡湧動著灰暗的人群，以及轟鳴的機器，那是車間（一般刑事犯都得在服刑期做工，大到修理車輛、機床，小到縫製紡織產品，也有的是採石開礦，那簡直是服苦役）；中等的窗子，裡面有帶著色彩的制服、設備、畫飾，那是監警們的辦公學習室，而最高最小一類的鐵欄窗，是囚犯們的宿舍和食堂，那些高高而小小的窗戶是他們的太陽、時間表，也是他們寄送思念、自由的出口。馬蹄形的樓體環繞著一個四面都是窗的小樓，那是監警們的宿舍和值班監控室。

湘西女監與其他監獄有兩點不同：一是湘西潮濕的天氣使這裡的建築爬滿了青綠的苔蘚，二是矮小的女警對那些碩大囚服下的女人尖利吼叫，使你感受到一種錯位和神秘。當我同時看到制服與囚服中的女人們時，我無法想像她們對家、對愛、對孩子、對男人有什麼不同。

梅廳長的介紹信就像一道聖旨，接旨的監獄長專門在監警們的值班區爲我安排了一間屋子，當作採訪之用。

那位被採訪的女人叫花兒。

□

我沒有問花兒她爲什麼被判刑，爲什麼選擇這樣的人生道路，爲什麼屢屢舊犯。那時的我覺得，「非法同居」是很難說得清的行爲，也無法把它跟其他刑事犯罪混爲一談。

三十多歲的花兒很漂亮，在灰黑的大囚服移動著她瘦小的軀體，那衣服料上震動著一種無奈，遮蓋了一種掙扎，一頭亂髮雖被那個以爲在剪茅草的手搞得參差不齊，但倒讓我想起了許多理髮店裡的奇異髮型。她的神態讓你覺得那是一件裂了縫的瓷器，無論多麼精美卻不會有那動人的叮噹之聲。從花兒的眼中我很難看出她的心靈，那是掛了「窗簾」的眼睛。

當我問她可不可以告訴我她的家史時，她反問我：「你是誰？憑什麼我要告訴你？」語氣中充滿了敵意。

「就—憑—我—跟—你—一—樣—都—是—從—那—個—時—代—走—來—的—女—人。」我看著她的眼睛，一個字一頓地說出來這句話。

花兒一愣，但很快就以一種嘲弄的口吻說：「想聽我的家史，我的童年？你受得了嗎!?」這回輪到我愣了：是啊，我受得了嗎？多少年了，我一直努力要忘記自己的童年，因爲那是讓人受不了的回憶。花兒爲什麼這樣說？我一時不知該說什麼了。花兒也許是感到她擊中了我的要害，於是她很得意，叫看守開門放她回到她牢房去。我無意識地點了點頭，對誰？我不知道。

花兒走了，她不必開門，也不必關門，地獄跟天堂都有特權。她的話把我推回了我的童年。

□

我出生於一個很多中國人以幾粒黃豆作一天口糧的最貧困的年代。當我的同齡者在母親的懷中嗷嗷待哺、饑寒交迫時，我卻能在祖母那鳥語花香的庭院中品味來自海外的巧克力。然而，中國的歷史以它獨特的政治方式對貧富進行了「平衡」。很快，文化大革命讓那些在貧困中掙扎活下來的孩子們，唾棄我，辱罵我。曾擁有的物質富有，被精神困苦徹頭徹尾地「平衡」了。從那時起，我懂得了在人的生命中還有比巧克力更好的東西。

至今爲止，我從未眞正走出我童年的惡夢。

□

我自小就留有兩條漂亮的髮辮。祖母總是爲我把小髮辮梳理得整整齊齊的，並在辮梢上用不同的髮帶紮出美麗的蝴蝶結。我非常喜歡我的小髮辮，白天我會在做事、走路時故意甩頭，好充分展示我的漂亮髮辮和那隨之舞動的蝴蝶結；晚上我總是仔細把它們擺放在枕頭的兩邊，也不讓奶奶摘髮帶，有時早上起來發現我的蝴蝶結散了，便會噘著嘴問是誰搞壞了我的蝴蝶結，結果常常是「死無對證」，只好歸罪於「夢孩兒」的調皮。

就在我自出生後第一次回到父母身邊生活不到兩個星期，我們在北京城外一個小城裡那個軍事院校的家，就被紅衛兵以「英帝國主義的走狗」（我祖父爲英國的GEC公司工作過三十五年）、「反動技術權威」（父親是中國高級機械協會成員、機電專家）、「封、資、修的代表」（家中有諸多文物收藏）等罪名查抄了。那天，我家裡裡外外都是紅衛兵，院子裡燒著熊熊大火，火中抖動著爸爸的書，還有那些被爺爺奶奶珍愛的「自然、傳統的家具」，我漂亮可愛的玩具也在「革命的火焰」裡，那時我覺得我聽到了火中跳動著聲聲的呼救。我看著父親被抓走，心裡很難過，也很害怕。

我看著那冷酷的大火發呆：那火燒掉了我剛剛擁有的家，燒掉了我快樂的童年，燒掉了我對生命的期望，也燒焦了我們家智慧富有的驕傲跟我終生的回憶。

火光中，一個帶著紅袖章的女造反派，拿著一把大剪刀走到我身邊，拿起我那兩條很讓我自豪的辮子對我說：「這是小資產階級的髮型，我得給你剪掉！」

還沒待我明白過來怎麼回事，我頭上兩條美麗的髮辮已被她俐落剪下來，扔進火堆了！我茫茫然不知所措，呆呆站在那兒，眼睜睜看著我那兩條漂亮的髮辮跟美麗的蝴蝶結被燒成了灰燼……

□

爸爸被投進監獄之後，媽媽也很少有時間照看我們了，她總是很晚回家，而回家以後也總是寫啊寫的，我不知道她寫什麼。所以，我跟弟弟白天只能在爸爸工作單位的食堂買飯吃，而那時食堂的菜幾乎沒有油水，盡是些鹽水煮蘿蔔、燉大白菜什麼的，可我們沒有選擇，只能吃那些菜。

有一次媽媽下班帶回來幾個豬腰，又連夜給我們燒好。第二天早晨她上班臨走時對我說：「中午回來，熱一熱鍋裡的豬腰，跟弟弟一起吃了，別給我留，你們需要營養。」

那天中午，一放學我就到鄰居家，把暫時寄管在那兒的弟弟接回家。弟弟聽說要吃好東西，很高興也很聽話，我讓他坐在桌子邊上看著我熱好吃的。我們那時用的是中國北方那種用磚砌的爐灶，很大也很高。那時我才上小學，個子很矮，得站在一個小板凳上才搆得著用火鉗捅開爐面被濕煤面封住的火，讓火爐中的煤有一個上下通風供氣的孔，那樣，火才能燒起來。這是我第一次獨立做這件事，根本不知道該怎麼樣操作，更不懂安全。就在我用火鉗把爐面的孔打開、又把火鉗扎下去後，我不知道這時的火鉗已被火燒紅了，於是在右手不夠把火鉗拔出來時，竟用左手去抓住那紅燙的火鉗想倒手把它抽出來！結果不言而喻，左手心被燙得又是水泡又是脫皮，慘不忍睹。

聞聲而去找醫生的鄰居說，那位住在咫尺的醫生不敢爲我出診，因爲我得有「特別許可」的通知，他們才能爲我們這樣被審查待處理的家庭出急診！趕來的鄰居中有個不諳生活常識的老教授，他不知從哪聽來的知識說，應該在燙傷的瘡面上抹醬油！所以，慌亂中他把一瓶醬油都倒到了我那劇痛的左手上了，我立刻被醬油炙得滿地打滾，直到休克！

再醒來，只見媽媽坐在我床邊捧著我那隻包滿紗布的手，埋怨她自己不該讓我搞爐子。

我至今無法理解，我那「特別」的身份，竟能鎮嚇住那位醫生「救死扶傷」的信念。

□

因爲是「大資本家的女兒」，母親也很快被收審不准回家了，我和弟弟被安置在「牛鬼蛇神子女之家」。

我在學校不准跟別的女孩子一樣參加唱歌跳舞的活動，因爲我不能「污染」革命的場所；我不准坐在前排聽課，雖然我是近視眼，因爲接受教育的好座位應該提供給那些「根正苗紅」（出身於工農兵的家庭）的孩子們；我不准站在前排上體育課，雖然我是班上個子最矮的學生，因爲前排靠近老師的位置都得是「未來的革命接班人」；我不准跟同齡孩子一樣有課後校外的活動，因爲我和其他十三個「牛鬼蛇神」子女（大的不到十四歲而小的只有兩歲）必須在下學後被送回專門爲我們開設的政治學習班——「牛鬼蛇神子女之家」，接受特別的洗腦教育；我不准去看電影，連最革命的「樣板戲」也不行，因爲我得用更多的時間「徹底認識」我那反動的家庭；我甚至不准在食堂買飯時在別人之前買新鮮的飯菜，因爲我那「英美帝國主義走狗」的爺爺「曾幫助英美帝國主義使得中國人民吃不飽穿不暖」！

沒有人照顧我們的生活，只有兩個紅衛兵給我們發佈命令：「起床！」「上學去！」「買飯吃飯去！」「開始學習毛主席語錄！」「睡覺了！」

我們在命令下機械地重複著日復一日的沒有歡聲笑語，沒有任何童年遊戲樂趣，也沒有爸爸媽媽呵護的生活。白天，除了命令中的生活內容，我們還得自己做那些必須做的家務，大點兒的孩子得幫助小的孩子洗衣服，洗臉洗腳（那時我們一個星期洗一次澡）等等；晚上我們不分男女，擠在用大草墊鋪成的「床」上睡覺。

對我們來說，唯一的「愉快」或是說「開眼界」，便是去食堂買飯。在食堂我們可以看到很多已不會說笑的人們，但有時有些好心人會悄悄塞一些小包食物給我們這些小牛鬼蛇神。

有一天，我帶著不到三歲的小弟弟，站在食堂那長長的隊伍後邊等候我們的「特別時間」買飯。那天好像是「國慶日」，我們食堂破天荒第一次賣燒雞，那香味迷漫著那個可供幾百人就餐的食堂，那天買飯的隊伍也排得特別長。我帶著弟弟跟「牛鬼蛇神之家」的其他孩子們站在食堂的角落裡，香味逗得我們這些長期以來吃剩飯剩菜的孩子直嚥口水，可我知道那好吃的燒雞是輪不到我們的。

不知怎地，我的小弟弟突然大哭起來，嘴裡哭喊著要吃燒雞。我嚇壞了，生怕他的哭聲吵煩了某個紅衛兵而把我們趕出去，那樣我們就連飯也甭吃了。我極力想哄住弟弟的哭聲，可我的勸說顯然抵不過燒雞的作用，弟弟越哭越傷心，急得我也直想哭！就在這時，一位好心的阿姨走過來，從她剛剛買到的燒雞上撕下一條雞腿遞給弟弟，然後一言不發走了。

然而，就在弟弟剛剛停住哭聲張嘴要吃燒雞時，一個紅衛兵跑過來，一把奪過弟弟嘴邊的雞腿扔在地上，用腳把雞腿踩得稀爛！然後，惡狠狠地說：「你這帝國主義特務的狗崽子也配吃雞！」

可憐的小弟弟嚇呆了。那天他沒有吃飯，可也沒有再爲雞腿哭鬧。以後的很長一段時間，他沒有提出任何類似的要求，我不知道爲什麼。

很多年後，我曾問過弟弟是否記得這件事，慶幸的是他不記得了。我卻忘不掉那天弟弟的哭聲，以及那紅衛兵腳下被踩爛的雞腿……

□

我和弟弟在那個「牛鬼蛇神子女之家」生活了近五年。有的孩子在那裡生活了近十年，那是他們的整個少年或是青年時代。

在「牛鬼蛇神子女之家」裡，我們是平等的，是相互信任幫助的。可在外面，幾乎沒有我們這些孩子的立足之地。我們這支小小的隊伍，走到哪裡，哪裡便有如同見到瘟疫般的躲避。成熟的大人們以沈默表示對我們的同情，而那些不曉事理的孩子對我們所表示的卻是竭盡全力的羞辱和謾罵。我們身上常常被唾液痰跡弄髒，可我們不知道自衛，更不敢反抗。我們幼小的心中已被我們所「特有」的一切深深打上了自卑的烙印！

我被唾的第一口唾液，來自於我最要好的小夥伴。她說：「我媽媽說你爺爺幫助英國壞蛋吃了中國人的肉，喝了中國人的血，是最壞最壞的壞蛋。你是他的狗崽子，一定也不是好人。所以，我再也不跟你玩了，呸！」

她把一大口唾沫唾在我的身上走了。

以後她再也沒理過我，直到她家搬走。我不知道她現在是否還記得她的唾棄。

□

一天，我因為又一次被那些「紅色」孩子毆打而躲在教室的後牆角哭泣，那時的我從未想到過有人會走近我對我說一句詢問或安慰的話，我如同角落一樣被遺忘於黑暗，唯一的作用是被存放破舊的垃圾，而我是一個被發洩怨恨和嘲諷、而且能對此有聲響反應的活物。

不知什麼時候，我的語文老師站在了我的身後，他用手輕輕拍了一下我那在抽泣中抖動的肩頭。我眼中的淚水使我在灰暗的燈光下看不清他的表情，但我從他手勢的比劃中看出他要我跟他走。要我去哪兒？做什麼？我不知道，可我相信他。他總是幫助校園外的窮人。

他帶我走到學校操場邊的一個小房子前，那是一個學校堆放廢品的地方。他打開了鎖讓我進去。我邁進去第一腳，不知道怎樣落下第二隻腳：房子裡堆滿了雜物，都是些散發著腐味黴氣、破髒爛得說不清什麼是什麼的東西。語文老師似乎沒有我的感覺，他老練地在雜物中「晃動」出一條通往內室的路，我學著他的樣子跟在他的身後。接著，我第一次領悟了那句詩：「柳暗花明又一村」，眼前的內室儼然一個管理有序的圖書館！用一些破木板搭起的書架上，整齊擺放著幾百本書。他告訴我，這是一個他準備獻給未來的秘密。他說，不管人們怎麼革命，都離不開書，沒有書，人們不懂得世界；沒有書，人類不會發展；沒有書，自然不能服務人類……

他越說越興奮，我越聽越害怕：文化大革命就是在革那些書的命啊。最後，他給了我一把鑰匙，說我可以隨時到這兒來「避難」看書。

因爲這個小房子在全校唯一的廁所後邊，我又是個不准參加任何活動的「黑孩子」，所以我很容易就可以避開人們的耳目到這個小房子裡去。

開始的幾天，我很難忍受那氣味和黑暗，我便在那被舊報紙糊滿的窗戶上摳出一個綠豆大的小洞，從這個小洞中向外看，看那些在操場上活動玩耍的孩子們。那洞帶給我了一個、也是當時我唯一的「夢想」——有一天，我也有「權利」跟同學們一起在操場上玩耍。

但我被洞外的喧鬧「饞」得無法繼續的時候，我開始了閱讀。那裡的初級讀物並不多，所以我很難搞懂那些深奥的辭彙。開始，趕來探望我的語文老師爲我解答，後來他帶來的一本辭典成了我的「老師」。老實說，那個時候我所理解的書中意思只有百分之五、六十。但是，從那時起，一些中外的歷史已使我知道了活著的不同：既有驚天動地的人人皆知，也有「有待考證」的無數問號，還有更多找不到祖譜的百姓人家，人在以「活著」的形式編織著歷史、傳說，還有夢……

那個時候，最能使我獲得安慰的書是那些戰爭的紀實，從那些血雨腥風中，從那生死存亡中，我發現自己活在和平時代眞好。這些戰爭的傳記幫助我忘卻了屈辱、艱辛、愁苦，可我牢記著那個糊滿舊報紙的窗洞帶給我的那個夢：「有一天，我能跟同學們一起在操場上玩耍。」我從未能實現這個夢。待我不再必須通過那個洞看他們玩耍時，我們都已成了大人。

□

在我的人生中，第一個讓我懂得感知生活，如何用眼中所看到的人和事物去尋找快樂和生活美好的人，是殷達。

殷達是孤兒，爲什麼，我不知道，好像他自己也不太清楚。他只知道他是在鄉親的救濟中長大的；他吃的是百家飯，穿的是百家衣。他稱呼那些自發幫助他的人是王媽、張媽、劉爸、李爸，所以他有許多的家，而他又不屬於任何一個家庭；他自己的「家」是一個只有一米五長、一米二寬的「屋子」，屋子的所有空間便是一張同樣尺寸的床。在我的記憶中，殷達在一年中好像只有兩季：冬季和夏季，在夏季的那套襯衣外套上一個厚棉襖便是他換季了；至於褲子是沒有季節的，他周圍的那些人都很窮，冬天有棉襖穿就很滿足了。

殷達好像比我大五、六歲，但是我們在一個班上學習。文化大革命時，幾乎所有的教育制度都癱瘓了，只有軍隊院校因國防需要在勉強繼續著，我所在的軍隊學校爲了表示對工農的支援，幫助安排當地貧窮的孩子加入我們的班級學文化，所以在我們班裡有許多比我們年齡大得多的孩子，他們中的許多人是到了十四、五歲才開始讀小學的。

在我被那些紅色家庭的孩子們羞辱打罵的時候，只要有殷達在場，他一定會站出來保護我，阻止他們的粗暴行爲。有時候他看到我躲在角落哭泣，就對管理我們這些黑孩子的人說，他要帶我去認識勞動人民，於是他便帶著我到那些住在城外、很窮很窮的人住的地方，並告訴我，什麼是那些人的快樂，他們怎樣從那一年只有十幾塊錢收入的生活中製造快樂；他在課間休息的時候帶我到學校後面的山上看各式各樣的樹木花草，他告訴我世界上有很多同樣品種的樹，卻沒有兩片相同的樹葉；他說生命是最珍貴最堅強的，而水是一種充滿愛的物質，水以自己的消耗幫助生命的存在，有水的地方總是有生命。

他問我喜不喜歡那個在長城邊上的小城市，我說不知道，沒有什麼可喜歡的，因爲那是一個很小也很破的小地方，沒有色彩，沒有喧鬧，全市只有三條公共汽車線路，而且都是通往市外的，所能感受到的「活著」，便是那嗆人的炊煙跟人們身上的破衣爛衫。殷達教我仔細看那一扇扇甚至是各式破爛搭成的門，他說，想想那門裡的人家是什麼樣的？是男人？女人？老人？孩子？是大家庭還是單身漢？那門爲什麼關著？門裡的人在哪兒？他們在家做什麼？在外面做什麼？那門爲什麼半開？他們在等人嗎？還是忘了關門？那「忘記」會給他們帶來什麼後果？

我按照他的話試著去做，於是我不再爲上下學的路上遭人唾棄而悲傷，也不再爲面對羞辱而痛苦不堪。我陷入了「想像」，陷得很深很深，想像與現實對應的結果成了我的悲歡。

在這些對生命對水、對門、對草木的想像中，我學會了觸摸這個我生存的世界，學會了感知它的存在，也學會了理解它們給予人的精神，學會了從點點滴滴、甚至是一無所有中去尋找我的富有，以及從艱辛困苦中實現輕鬆和快樂。

殷達像一把鑰匙，打開了我對人生的感悟。可是，我很快失去了這把鑰匙。

大約在一九七〇年初，中蘇關係徹底破裂，並發生了中國北部中蘇邊界珍寶島地區的武裝衝突。中國政府提出，為防蘇聯的武裝襲擊，每個城鎮都必須挖設防空洞。在一些大城市，防空洞大得可以容納全市人口，並且備有可以保證人們在洞中生存數日的簡單設施和食品儲備。挖這些防空洞，就是全民的責任，上至六十歲老人，下至七八歲孩童，無一可免。

我們的學校也在學校後面的山邊開挖防空洞。

有一天，我們如同往常分成兩組，分別在洞的外面和裡面挖掘。我是洞裡那組的，因為我是女孩，比較柔弱，所以被留在洞口。工作開始約半小時，轟的一聲巨響，我們挖的那個防空洞塌陷了！我們組的四個男孩子都被埋在裡面，而殷達在最裡面！等到第四天人們把四個男孩子挖出來的時候，僅能從他們的穿著上辨認男孩們是誰了！

他們不准我這個黑子弟看那幾個被追認為烈士的孩子的最後一面，我只能在遠處為殷達送行，我沒能看清殷達的臉，只能從他那從擔架上垂下來的蒼白無力的手上知道：他走了！他走的時候只有十七歲左右。

殷達曾經教我唱過電影《冰山上來客》的一首插曲，旋律非常美，歌詞是紀念一個失去的朋友。後來，中國改革開放後，那部老電影獲得重播，我終於聽到了殷達最喜歡的那首歌。這首歌如同風，飄散在我的時間跟空間裡，被日和夜、被風和雲演奏著它的旋律：

天山腳下是我可愛的家鄉，當我離開它的時候，好像那哈密瓜斷了瓜秧，
白楊樹下住著我心愛的姑娘，當我離開她的時候，好像那都它兒閑掛在牆。
瓜秧斷了，哈密瓜依然香甜，琴師回來，都它兒還會再響。
當我永別了朋友的時候，他像那雪崩飛雪萬丈。
啊，親愛的朋友，我再不能看到你雄偉的身影，和藹的面龐。
啊，親愛的朋友，你再不能聽我彈琴，聽我歌唱……

我不知道是殷達有感知自己生命的能力，還是一種巧合，這首悲傷的歌成爲了我對殷達吐露的心聲，他爲自己留下了一首思念的旋律。

我思念殷達！

□

這些都不是夢，可現在還總留在我的夢中。時不時，一個個火焰，一片片樹葉，一個個玩具，一條條絲帶，一扇扇門……就叩開了我記憶的大門。我從未能走出我童年的惡夢。

第十三章　花兒不知道自己是誰

「花兒，你是一個好孩子，你身上沒有牛鬼蛇神的邪氣，你爸爸很快就會被放出來了。」

他們給我穿上了衣服。在我麻木地受擺佈中，一個低低的聲音說：「花兒，對不起。」

我一直想知道這個聲音是從哪個男人的喉結裡滾動出來的。

在湘西女監的第一夜，我不敢閉眼睡覺，我怕回到那些惡夢裡；可大腦又無法關閉童年的再現。黎明時分，我告訴自己，我必須從過去走出來。

再次見到花兒，我發現那張臉變成了一張被痛苦整形過的臉。兩個被痛苦記憶煎熬過的女人，面對面坐了下來。

花兒告訴我，她媽媽說，自然界是物競天擇，適者生存；山、石、樹都是不擇天地而生長的：山有花則風景美，石有花則稱奇，樹有花則可結果，所以他們四個孩子，姐姐叫樹，哥哥叫山，弟弟叫石，她叫花。

我給花兒倒了一杯熱開水，花兒雙手捂著杯子，眼睛盯著杯裡冒出的熱氣，目光散散地追著漫開的霧氣，喃喃自語著她的故事：「大人們都說我最漂亮，我知道，因爲我是花。因爲我的父母是日本人……」

我很吃驚：「什麼？你父母是日本人？」她的罪案紀錄上沒有這個說明。

「對，我的父母是日本人，所以他們任教的大學對我們很關照，別人一家大大小小都擠在一個房間裡，而我們卻有兩間屋子，爸爸和媽媽住小間，我們四個孩子住大間。

「姐姐樹常常帶著哥哥山和我去她的小同伴家，那些大人對我們特別好，總是拿好吃的東西給我們解饞，並逗著我們講日語如謝謝、再見之類的禮貌用語，很有意思。我雖然很小，但是日語說得很好。可常常當我津津樂道一字一句教大人學日語時，其他的孩子卻在搶吃那些美味的小點心，等我想起來時，只有姐姐手中爲我留著一點點的甜點。我很感謝姐姐，她總是呵護我，有她在我可以無所擔心。」

花兒的目光顯露出一絲光彩：「我們四個孩子最開心的事，是同爸爸一起玩耍或在他身邊喊叫，因爲爸爸這時候會扮成不同的角色逗我們玩兒，有時他像日本童話故事裡的背山老人把我們都背在他的背上，四個孩子把他壓得氣喘噓噓。

「有時他把媽媽的圍巾圍自己的頭上，裝成中國童話故事裡的狼外婆與我們躲貓貓，有時他躲起來讓我們找他，有一次他竟躲在中國北方那種大糧食缸裡，出來時渾身沾滿了玉米、喬麥和小米，好笑極了！」

她笑了，我也笑了。然而，我們都知道這笑的後邊是什麼。

花兒啜了一口水：「當我們快樂地在爸爸陽光般的關懷和媽媽春風般的呵護中生活，中國的上空飛來了一大片的雲，接著是大風，是雷電，是暴雨……凄凄瀝瀝了十年！」

一場永遠無法走出的災難，抓住了花兒的家，災難是從一九六六年一陣瘋狂的口號開始的……

□

那天下午，我們在姐姐的命令下寫作業，小弟弟在一邊玩玩具，爸爸媽媽都不在家，他們上班去了。忽然，由遠而進傳來一陣陣口號聲，由於一段時間以來我們已習慣了周圍發生的變化，大人們不知爲什麼總在喊叫，所以我們並未多在意，然而，那喊聲越來越近，終於停在我們家門前：

「打倒牛鬼蛇神！打倒日本帝國主義的走狗！徹底清除外國特務！」

姐姐樹顯得很有大人的樣子，她打開門，問那些跟她差不多年齡的年輕人：「你們幹什麼呀？我父母不在家。」

人群前一位女學生說：「你們這些特務的狗仔子聽著：你們的父母是日本帝國主義的特務，已經被無產階級專政了，你們必須要跟他們劃清界線，揭發他們的特務活動！」

天哪！爸爸媽媽是特務!?

特務可是電影上最壞最壞的壞蛋啊！我嚇壞了，姐姐用手摟著我低聲說：「別怕，等媽媽爸爸回家，我們告訴他們。」

哥哥站在門裡小聲地講：「他們要是壞蛋，是特務，我就到北京去參加紅衛兵革他們的命！」

哥哥已說過好一陣兒要去當紅衛兵了。

姐姐瞪著他：「不准瞎說！」

那群人在我家門口喊了很長時間，好像喊到天黑才走。後來有人告訴我，本來那群人是來抄家的，他們看見姐姐站在家門前，我們個兒又那麼小，他們實在下不了手，爲此，造反派的頭兒把他們臭訓了一頓。

從那天起，爸爸很長一段時間沒有回家。

有一天，媽媽回來得特別晚，只有姐姐還沒睡覺。我朦朦朧朧聽見媽媽對姐姐說：「你爸爸被關起來了，我不知道他被關在哪裡，我以後每天都得去接受教育，可能回來很晚，我把你小弟弟帶著，你要帶好大弟弟和妹妹。

「樹，你已經長大了，相信媽媽的話，要相信：爸爸媽媽不是壞人！相信我們要像相信有白天和黑夜一樣！我們從外國來，是想讓更多的人了解日本的文化，是幫助人們學習日本語言，不是幹壞事……」

等我又一次醒來，我從縫中看到：媽媽向前探著身子，以一種乞求的語氣對姐姐說：「幫助我帶好弟弟妹妹。你們放學順路採些野菜，做飯時多加一些野菜，哄著弟弟妹妹多吃，你們都在長身體，要吃飽。注意睡覺前一定要把爐子的蓋子蓋好，小心煤氣中毒；離開家要關好門窗，千萬不要隨便開門；要是造反派的人來抄家，你就把弟弟妹妹領到外邊去，盡可能不要叫他們看到什麼，他們還小，看見那種抄家的事兒會害怕的。

「以後晚上早點兒帶弟弟妹妹上床睡覺，不要等我。你們有什麼事兒給我寫條子，我第二天早上走之前會留條給你們的。還有，要悄悄地繼續帶弟弟妹妹學文化課，日語練習也不要停，這些知識以後一定會有用的。學習時不要聲音太大，別怕，以後會好些的，啊？

「樹，一定要告訴你的弟弟妹妹，爸爸媽媽不是壞人，更不是特務！答應我，無論什麼時候，你們都不要恨我們，爸爸媽媽愛你們！相信我們沒有欺騙你們！眞的沒有騙你們！」

姐姐木木的毫無表情，只有兩行眼淚默默地淌著。

我躲進被子裡哭了，不讓媽媽聽見。

以後的很長時間爸爸從來沒有回過家，我們也幾乎見不到媽媽，我們都知道媽媽已搬到大屋跟我們一起住，可實際上只有姐姐樹爲我們「上傳下達」媽媽的「存在」。

後來，我發現夜裡上厠所時能看見媽媽。於是，我開始在睡覺前拼命喝水，這樣我就能在夜裡幾次被尿憋醒而看見媽媽了，媽媽似乎從來不睡覺，因爲我每次夜裡起來她都知道，她總會用手摸摸我，她的手變得越來越粗糙……我幾次想把臉放在媽媽的手上幫她揉揉，可我又怕姐姐說我影響媽媽休息。我好想多看看媽媽，當然，也很想很想吃媽媽做的飯。

天天爲看媽媽而夜裡起來數次的我，白天打不起精神，有一次甚至在學校學習「最高指示」時睡著了！幸虧我的班主任是一個善良的老師，下課後，她悄悄把我叫到操場邊的小樹叢旁告訴我：「在學習毛主席的最高指示時睡覺，是一件在造反派看來很反動的事，一定要注意！」

我雖然不太明白，卻有點兒害怕，要知道，班主任的丈夫可是個造反派的大頭兒啊！我趕忙解釋了我沒有睡好覺的原因，她聽了之後好一陣兒不說話，我更害怕了，不知道該怎麼辦。可是，她只是充滿愛憐地拍著我的頭說：「別急，可能媽媽以後就會早回家的。」

果然，不久，媽媽眞的就早回家了！雖然媽媽回來時常常是我們正準備上床睡覺的時候，可我還是發現媽媽變多了：媽媽很少說話了，做事也輕手輕脚的，似乎生怕驚動我們對她和爸爸原有的信念。個性極強的哥哥，也不忍心再跟媽媽嚷嚷去北京當紅衛兵的事了。

慢慢地，外面吵鬧的世界似乎平靜了一些。有一天我聽見媽媽歎了口氣說：「你們的爸爸該回來了吧？」

奇怪的是，沒有一個孩子爲此而高興，我們愛爸爸，但是如果他是特務，他回家來，我們也不會理睬他的。

這些時間裡，太多的人和太多的事，把我們的記憶和信念都重新整理過了。

□

大約三年後，到了六九年的秋天，有人來我家，通知姐姐去參加晚間學習班，說是爲了放出爸爸之後她能夠堅定立場，幫助我們與爸爸劃清界線。

第一個晚上姐姐就回來很晚很晚，媽媽坐臥不安地守在窗前，我也沒睡。我常看到別人去學習班，而且造反派的人說，誰思想紅（紅就是革命）誰才能進學習班，我還知道有些人進學習班後，家裡就不會有人來家裡盤查和翻找東西了，家裡被關著的人也會很快被放出來。所以我很想知道學習班是什麼樣的？姐姐在學習班學什麼？是不是爸爸很快就會回來？

被媽媽「命令」上床睡覺的我，躺在床上一次次用手揉開沈重的眼皮，不行，後來我就把兩個小筆頭放在頭下枕著，這樣眞的就睡不著了。終於我聽到脚步聲，接著是窗外一個男人的聲音，低低的，我聽不清說的是什麼，接著姐姐進了屋子，媽媽衝過去，低聲而急促地問：「怎麼樣？」語氣中充滿了驚恐。

姐姐樹一句話沒講，連衣服也沒脱就躺下了。媽媽走過來想幫助姐姐把衣服脱掉，姐姐用了一個非常堅決的手勢拒絕了，她翻過身，用被子把自己裹得嚴嚴的。

我很失望，那麼長時間的等待卻一無所獲！

那天夜裡，我聽見媽媽哭了很長時間，她是傷心姐姐的沈默？還是想爸爸呢？也許是媽媽害怕我們不愛她了？在許多問號中我迷迷糊糊睡著了……夢裡，我也進了學習班，但是，剛一進門就醒了！

姐姐樹在學習班「學習」的時間特別長，她從來不告訴我學習班的事。一連好幾個月，每天晚上都是很晚回家，她總是在我做了很多的夢以後才躺到我的身邊。直到有一天晚上，姐姐去學習班沒多久就被人送回來了，送的人説了一句：「樹老是吐，今天又暈倒了，學習班的指導員讓我把她送回來。」就走了。

媽媽楞楞站在那裡，臉色刷白，一句話也説不出來，姐姐默默走到媽媽跟前，撲通跪下了：「媽媽我沒有辦法，我想讓爸爸早一點回來呵！」

聽到這話，媽媽幌了兩幌，差一點倒下，哥哥走上前扶住了媽媽，讓她坐在床上，然後拉著弟弟和我走到另一個房間。我不想走，可我也不敢留下來。

第二天下午放學的時候，學校門口有個造反派在等我：「指導員讓你去學習班參加學習。」

我不敢相信：讓我到學習班學習？我十一歲就可以進學習班學習了？我想一定是老師告訴他們我很聽話。我太高興了，想去告訴媽媽，可那個造反派說：「不用了，我們已經通知你媽媽了。」

我一蹦一跳跟著那個造反派到了學習班。

「學習班」是一個不大的房間，像一個住家一樣，有床、有飯桌，有幾張跟學校差不多的椅子，當然大多了，還有被裝滿了革命書籍的一個大書架。四面牆上貼的都是紅色的語錄跟革命口號，我没有看懂其中的幾個句子，我才上小學四年級。

帶我來的造反派給了我一本《紅寶書》（我一直羨慕姐姐有這種漂亮的毛主席語錄），並對我說：「你知道你爸爸媽媽是特務嗎？」

我瞪大眼睛：「知道啊！」這時我生怕他們應此而不讓我上學習班了。

「你知道在學習班裡都是造反派嗎？」

我點點頭，我多麼想當造反派啊，不挨別人的罵，還可以坐大卡車到街上去喊口號，多威風啊。

「所以造反派的事情不能讓特務知道，你懂嗎？」

「我，我不會告訴家裡人的。」這時我想起了電影裡的地下黨和特務的故事。

「你現在站起來向毛主席保證守秘密。」

「我向毛主席保證，我一定守秘密！」

「好了，現在你先學習毛主席語錄，等會兒吃完飯我們教你學習。」

還吃飯？眞好！難怪姐姐從不講學習班的事呢，一是保密，另一個原因一定是她怕我和弟弟嘴饞！我心中想著這些，語錄上的字一個也沒看懂。

吃完飯後，又來了兩個造反派，年紀都很輕，好像就比姐姐大一點點兒。他們問我：「你向毛主席保證過了嗎？」我點點頭，心想我都保證過了，幹嗎不相信人呢。

「好了，今天我們要學得很晚，你先休息一會兒吧。」

他們把我擁到床邊，然後微笑地幫我鋪床，脱衣服直到最後一件内衣！「啪」的一聲，他們把燈關上了。

這時候，不知道爲什麼我有些睏，眼睛怎麼也睜不開，懵懵懂懂中聽見他們説，這是學習班裡的第一課，革命造反派要知道你身上有沒有牛鬼蛇神的壞東西。

在急促的喘息中，他們的大手開始觸摸我的下身……

終於，所有的聲音和動作都停止了。

我哭了，似乎明白了什麼。

但是我當時還不知道：我這東方女人的一切美好還沒有開始而因此結束了，花兒還沒有開就凋榭了！

黑暗中，幾個聲音對我說：「花兒，以後你會喜歡的。」

「花兒，你是一個好孩子，你身上沒有牛鬼蛇神的邪氣，你爸爸很快就會被放出來了。」

他們給我穿上了衣服。

在我麻木地受擺佈中，一個低低的聲音說：「花兒，對不起。」

我一直想知道這個聲音是從哪個男人的喉結裡滾動出來的，然而，至今我不知道他是誰！

在透涼的秋風裡，這幾個造反派背著我，把我送到離家門口還很遠的地方就放下我說：

「別忘了你向毛主席保證的。」

我試圖邁開兩腿，可我一步也無法移動，我的下身彷彿被撕成了碎片！他們中的一個走過來抱起我，把我放到門前，然後和他的同伴一起迅速地在黑暗中溜走了。媽媽聽見聲音來開門，她一把抱住我：「怎麼了，花兒？爲什麼這麼晚才回來？你去哪了？幹什麼去了？」

這時的我，沒有想起向毛主席保證的話，也沒想起學習班，也沒想起姐姐，爸爸，一切都沒想，只是想哭，想哭，想哭！

媽媽把大哭的我抱上床，燈光下她明白了一切：「天—哪！」

姐姐樹幌著我：「你去學習班了？」

我只是哭，哭的聲音很大，很大……

是的，我去了「學習班」，一個女人的學習班。一個……

□

花兒終於哭出來了，哭得那麼累那麼弱。我走過去抱住她的肩，發現她渾身發抖。

「花兒，不要講了，你會受不住的。」我淚流滿面勸著她，耳邊響起了我跟弟弟所在的那個學習班裡女孩子的哭聲。

午飯時間到了，警衛給我們送來了兩份截然不同的飯。我把兩份飯菜的位置調換了，花兒看也沒看一眼，抽泣著，繼續說：

「我畢竟太小了，在渾身的疼痛中我還是睡著了，伴著媽媽，姐姐的哭泣……突然一聲哭喊把我驚醒——哥哥山在門外大喊：『來人哪，我媽媽上吊了！』

「姐姐樹在大哭：『媽媽，你爲什麼不管我們了!?』小弟弟石拉著什麼在哭，我順勢向上看去：

「那是媽媽！她吊在門框上，她自殺了！她不管我們了！」

□

噢。天哪！「花兒，花兒！」我嘴裡叫著她，心中也在呼喚著她。我擁著花兒，示意她不要再講了，花兒彷彿在用全身的力量喘息著，掙扎著。

忽然，我看見監視視窗上一張從外玻璃上貼住的紙條：請同犯人保持距離。

「放屁！」我心裡罵著。

我敲開門，留下花兒在我的採訪室。我拿著梅廳長的「聖旨」要求監獄長准許花兒跟我住兩夜，他猶猶豫豫地同意了，不過叫我寫個保證書，表示若發生意外他不負責，我當即寫完交給了他。

回來時，我發現放在花兒前面那份飯已被她的鼻涕跟淚水稀釋了……

那天之後的二十四小時裡，花兒幾乎沒有說一句話。我想她是在那個痛苦記憶的深海中尋找上浮的力量，也許她還有更悲慘的經歷？我眞不敢這樣想。

不幸的是，果眞如此。

後來花兒才又告訴我，母親自殺的第四天，她爸爸被放了出來。可是，以三個女人的代價換回的父親不知道他的孩子們是誰了！很久以後有人告訴他們，花兒的爸爸一聽說愛妻自殺了，就呆了！接連兩天僅一個姿勢未吃未動，只有一句話：「尤美在哪裡？」尤美是他妻子的日本名字。

花兒的爸爸傻了！確切地講，曾經讓他們自豪的父親，一個智慧的語言學家，癡呆了，他不僅不能自理生活，甚至不能開口說話了！

至今，花兒和她姐姐都不知道她們的爸爸是否了解「學習班」的事。是不是這個家中女人們的不幸破碎了他的思維能力？她們不敢核實，誰也不敢翻動那段歷史。

花兒的父親一直和他們如同陌生人一般生活在一起，在這個世界上他已沒有熟人了，沒有人能夠使他明白過來誰是誰！

二十多年的近八千個日日夜夜，孩子們教會爸爸的只是：「爸爸」是他的呼號！無論在何時何地任何人發出這個音，他都會順著聲音去找，找什麼？沒人知道……。

花兒的姐姐樹一直沒有結婚。那天她被送回家是因爲她懷孕了，學習班的男人們說她不能再繼續「學習」了，母親不敢帶著只有十六歲的樹去醫院，因爲那樣紅衛兵會認定她是「搞資產階級破鞋」而把她抓起來遊街批鬥。媽媽說要找一種叫藏紅花的中藥悄悄打掉胎兒，可她媽媽還沒有來得及爲她大女兒找藥，第二天小女兒就被輪姦了，徹底崩潰的母親再也無法忍受而上吊了！

可憐的樹不知道怎麼樣停止她那一天天鼓起的肚子，媽媽死了，爸爸癡呆了，沒有人知道沒有人幫助她。後來，幼稚的樹把床單撕成條，一圈繞一圈地勒住自己的肚子和因懷孕而脹大的腹部，可是好像沒有用。她不知道去哪兒找那個藏紅花，但一天她忽然想起母親曾說過「是藥三分毒」的話，她就把家中備用的十幾種藥一次都吃掉了，結果藥物中毒大出血昏倒在學校，樹被醫院保住了性命，腹中的胎兒被藥給毒死了，可樹也永遠失去了做母親做女人的子宮；從此樹被叫做「壞女人，破鞋」，她那份女人的情隨著歲月的流逝被破碎如粉，每一個生日，像毒刺般刺痛樹的每一個女人的欲望。花兒說，現在的樹冷酷少語，你決不會把她和一個善良，溫順，快樂的姑娘連想在一起。

□

臨離開那個湘西女監的前一天，我再次採訪了花兒。

她告訴我，她長大了一點兒以後，有一天，她在學校舊倉庫裡看到一本書《你是誰》，說的是女人的生理以及東方女性的貞操理念，她才知道了那個「學習班」的經歷對她意味著什麼。

成人之後她常常很矛盾，不知道自己是誰。有時，她自視一錢不值。她沒有黃花姑娘的驕傲，她沒有過少女懷春的夢想，她沒有新婚初夜的激動，她沒有對男人的嚮往。她噁心男人的一切，學習班那黑暗中的聲音與感受，時時在她腦海裡浮現，像魔鬼一樣跟著她長大，她直到結婚也沒能從這魔鬼的控制中走出來！

她很恐懼她丈夫在黑暗中撫摸她，因爲有時她搞不清是誰的手，就好像魔鬼借助她愛人的手在繼續折磨她。爲此她幾次驚恐尖叫！她丈夫很害怕她這種歇斯底里，總安慰她問她爲什麼會這樣，可她不能告訴他是什麼原因，她不能讓他知道他的妻子在十一歲時被幾個男人輪姦過，他會瘋的！他很愛她，但他實在難以忍受做愛時那種情景，他甚至克制著自己的性欲也不願聽到她的慘叫。

後來，花兒了發現丈夫陽萎了，她非常痛苦，她很愛他，他從沒有因爲她不是處女之身而猜疑抱怨過，他相信她解釋的「原因」運動致傷弄破了處女膜。花兒努力想幫助丈夫恢復他本來很亢奮的性功能，可她無法控制自己擺脫那在黑暗中的幻覺。

花兒想，她愛他，應該使他自由地去尋找他的幸福，她提出離婚，他不同意，並問她爲什麼？她拼命找「理由」，最後，她只好說他不能滿足她的生理要求，可她淸淸楚楚，在她一生中只有他才是使她滿足的唯一男人！面對這樣一個個理由，他走了，隻身去了中國南部的珠海，那時的珠海還沒開始開發呢。

□

在離開湘西女監的吉普車上，我很累，頭昏昏的。車窗外不停更換的風景沒能更換我的心境，花兒的聲音還在我的耳畔響著：

我心愛的丈夫走了。我那顆半生半熟的女人心也被摘掉了……

有時，我想十一歲的我便能讓男人滿足，那麼二十歲的我能讓男人瘋狂；三十歲的我可讓男人丟魂；四十歲的我……有時，我想用自己的身體給那些還會說對不起的男人提供一個機會，用我的胴體幫助他們營建男人的堅挺。有時，我想找到那幾個造反派讓他們妻離子散，我想報復每一個男人，讓他們痛不欲生，讓他們瘋狂卻不能盡性！

有時，我不在乎我那女人的名聲，我曾和幾個男人群居，讓他們同時玩弄我。爲此，我已經像你現在看到的進了兩次勞教所，判了兩次刑了。勞教所的指導員說我是死不改悔的「女流氓」，我從不介意，人們罵我「不要臉」，我也不生氣，因爲很多人還不如我知道「臉」是什麼呢。中國人總是把臉同屁股放在對立的兩端，有臉面的時候一定不能露屁股，而讓人看見了屁股你就一定沒有臉了。他們根本不懂，臉是爲了屁股快樂而生，屁股是爲了臉而長！

最理解我的是姐姐樹。樹知道我想不擇手段地糾正十一歲時我那「性恐怖」的記憶，想讓成熟的男女性愛治療我那傷痕纍纍的女性器官。

有時的我，正如姐姐樹所言，有時的我又不是這樣的。

我爸爸不知道我是誰，我自己也不知道我是誰……

□

回到電臺的第一天，我打了兩個電話。一是給梅廳長，我告訴他花兒是日本人，有沒有可能改判。

他停頓了一陣說：「欣然，對這事兒來說，我認爲沈默是金，說開了恐怕會更糟，弄不好會給花兒加個特務子女之嫌什麼的，她現在也就是個非法同居的流氓罪，不會太長的。」

另一個電話是打給一位婦科主任的，我問她，花兒選擇的那種性行爲能否治療女人如此這般的身心創傷？

她問我：「我無法相信，你呢？」

我也不信。

□

一個難以置信的年代就會滋生出許多難以置信的念頭。很多的人都知道中國的那段歷史。人們知道，紅色的風暴席捲了這個泱泱大國的各個角落，幾乎無人不在其瘋狂愚昧的運動之中，也無事不在其批判掃蕩的範圍之中。這是一個外國人無法理解，中國不同時代的人無法理解，就是那些曾經親身經歷過的人也無法再理解和解釋得清楚的時代。

可有多少人知道，在那樣的年代裡，女人們是怎麼樣走過來的呢？

在文化大革命時期，女人會因爲穿戴海外的服飾、採用外國的習俗而被關押批鬥：她們的頭髮被剃成各種造反派們隨意取樂的式樣，臉上被口紅塗抹亂七八糟，身上掛著高跟鞋，渾身別著那些已被撕扯毀壞的「洋貨」；可憐的女人，嘴裡還要數說自己的「罪狀」——那些洋貨的來歷！特別是那些跟隨丈夫回到祖國「獻身」革命和建設的女人們，她們不但要學習怎樣克制海外安逸生活的慣性意識，怎樣以最簡樸的器具來操持家務，怎樣適應政治就是一切的言行；而且她們還得和她們「特務」的「牛鬼蛇神」的丈夫們一起在批鬥臺上「同甘共苦」，她們還得經歷一次次由她們的女人用品所引發的「革命」！

從一九六六年到七六年的十年間，在中國的視野中，你很難找到屬於女人的色彩跟服飾，至於口紅、胭脂、眉筆、眼影，或是迷你裙、高跟鞋、旗袍、婚紗，以及耳環、項鏈、戒指、手鐲等等，就只能從被批判的文學作品中看到了。

我父親有位老同事，五十多歲時候從印度回中國教書，她對學生們非常好，常常拿出自己的積蓄爲生活困難的學生們買牙膏、護膚油、食品什麼的。文化大革命開始的時候，大家都說她不會有事的，可誰也沒想到她會因爲她一個幾十年的穿著習慣而被「改造」了整整兩年。

這位女歸僑說，女人身上應該有鮮豔的色彩，而制服太男人氣了，所以，她常愛在中式制服裡穿一件印度「紗麗」。但紅衛兵認爲，這種行爲是對祖國不忠，是「崇洋迷外」的。批鬥她的紅衛兵中也有她曾救濟過的學生，他們對她說：「老師，對不起！如果我們不批鬥你，我們就是走狗，家人都要跟著倒楣。」

據說，後來老太太一直沒有再敢穿她心愛的「紗麗」，可臨死還惦著：「紗麗」多好看！

記得有一位女教師告訴我，她因爲一支從國外帶回的口紅和一雙有英格蘭標誌的高跟鞋，在文化大革命中被造反派拉到大街上鬥了七個多月！那是一位印尼的遠親委託政府出訪人員回國後帶給她的禮物，她意識到有可能「涉嫌」特務，連外包裝都沒拆開就慌忙扔到一個垃圾箱裡了，可她沒有介意一個在垃圾箱旁邊玩耍的女孩子，結果，那個只有十一、二歲，但「政治覺悟很高」的女孩子，檢舉了她的「罪行」。

□

現在，沒有人願意講出來那些「人」無法理解的故事。那些經歷過中國文化大革命的家庭裡，一定有一些章節是他們家庭成員人人皆知，卻從未有人「念」過的，那些章節早已被歷史的淚水粘在一起而打不開了，別人或是後人所看到的，只是一個被歲月模糊了的標題。

花兒和那些從文化大革命走過來的女人們，無力回天，無法重新找回她們的青春跟幸福。她們拖著龐然的記憶陰影，以及那受盡磨難的女人身體，隨著時光走著……

我記得有一次主持音樂節目的夢星讀著一位聽眾來信說：「眞搞不懂，那些老婦女怎麼就愛聽那些老掉牙的歌。她們也不看看，現在都什麼年代了，她們走得也太慢了！」

大李在一旁用筆點著桌子說：「慢麼？她們連青春都沒能來得及擁有！」

第十四章　時髦的代價

第一，關掉女人的柔情，讓新聞感歎你的特別。第二，劃開自己的心，讓『血淋淋』幫助你成爲新聞人物、時髦女人。然後，帶著你的產品，向公衆展示你的傷疤，訴說你的疼痛。在人們指點你的傷口、想像你的經歷時，把你的產品放進他們的櫃檯，再拿走屬於你的錢。

我曾經被稱作「時髦人物」，人們說我「總做時髦事」。

九五年秋，我向電臺提出辭去策劃部主任的要求，書面的理由有三點：一，我無法兼任太多的專業和社會職務；二，我需要時間做我的女性心理研究以便提高我的工作質量；三，我兼作電視與廣播熱線主持，採訪編輯回答信件的工作量越來越大。我心裡的理由卻是：我很想有更多的時間了解中國的女人，而且我實在無法忍受那些禁令如山的文件和像潮水一樣湧來的會議！上面幾級的頭兒都很不高興我的決定，可他們很了解我的個性：強迫我留任，可能導致我離開。

一時間我被無數的猜測議論包圍了：有人說我要「下海經商」，有人猜我要接受大學高薪聘教，也有人想我會去美國發展，而最多的說法是「欣然是時髦人物，所以總做時髦的事。可我自己很清楚我想要什麼，我想要我自己的時間充實自我。記得有一本描述義大利黑手黨的書叫《教父》，裡面有一段話給了我很大啓迪。教堂的神父在回答那個黑手黨首領爲什麼他得不到心靜時說：「鵝卵石被千年的流水改變了外形，可它的內心被一種充實保護得實實的，幾乎沒被浸濕，那就是一種沒有欲望空間的靜。」我看到這段話時，我知道這種沒有欲望空間的靜是我對生活本身的追求。我雖然經歷在時髦中，可我知道，在中國，那時髦意味著什麼樣的結局。

「時髦」在中國是個外來詞，可是中國人對這個詞有自己的體驗。五〇年代，人們「時髦」過喊著「二十年內趕超美國、英國」的政治口號，以此支撐以三十粒黃豆爲一天口糧的貧窮生活；人們時髦過追求蘇聯共產主義式的生活方式，可人們只知道最美的佳餚便是一盤土豆燒牛肉。六〇年代，人們「時髦」過遵循毛澤東的「最新指示」，在文化大革命中轟轟烈烈毀滅了一切，教育、文化、傳統、藝術蕩然無存。七〇年代，人們「時髦」上山下鄉，人性與智慧被流放到那些還不知人間有報紙和電的地方。八〇年代，改革開放後，人們從空頭的紅色革命中走出來，開始時髦於經商「下海」，一時間，張張名片都是老闆，「十億人民九億商，還有一億待開張」。到了九〇年代，「時髦」發生了巨變，人們在急轉彎的前進中被甩下了「社會主義」的軌道，「下崗」成爲新的時髦。從這些時髦中可以發現，中國人是被政治驅趕走進這一個個「時髦」，而不是以一種心願去加入時髦的。

特別是在我對中國女性的採訪中，我發現，很多被稱爲時髦的女人，都是被迫「時髦」，甚至是被「時髦」迫害的。正如一些中國男人說，如今時髦的、流行的是女強人；可女人說，幾乎每個時髦的女強人後面一定都有一個令她痛苦的男人，眞的如此嗎？

□

我曾採訪過一個旣是新聞人物，也被稱爲時髦的女人。她的名字叫周婷。

採訪她以前，我的印象來自別人對她的傳說：她的穿著很時髦，渾身上下的金銀首飾叮鈴鈴作響；她的生活方式似乎也很時髦，她的餐桌預定在各大高檔酒店，而她的汽車據說是像配服飾那樣替換；還有她目前的職業也應算很時髦的，她總經銷著幾個巨頭公司在當地的營養類產品。

剛見到她時，似乎印證了人們的說法；可採訪後我發現，作爲一個女人，周婷很不時髦。

那天下午，她在四星級大酒店開了一個豪華包間，用來接受我的採訪，她說是爲了不讓別人聽見她的哭聲和看見她的淚水。周婷再三對我說，她已經很久沒有在「眞」的感覺中交談了。可我說，我的採訪都是眞的女人跟眞的故事，因爲眞是女人情的營養素，眞是女人心的根。她沒有反駁，但看見她的目光在探照著我的幼稚。

她說，「眞」是一個永遠不會時髦的事情。

周婷同很多人一樣，也是在文化大革命中落下了心靈的創傷。

周婷告訴我：她現在還常在夢中被幼時的毆打驚醒。從小學一年級開始到初中一年級那些年裡，她所受到的還不僅僅是這些傷害。自她八歲開始，每年幾乎都有芭蕾舞團或文工團（藝術團體）在他們學校選招學員，她也幾乎每次都入選，可都因她母親的問題而被取消。母親的問題，使她經歷了一個非常可怕的少年時代。文化大革命十年之後，人們定論她母親是淸白的，十年關審是場冤案，這冤案迫害了她媽媽十年，也苦了她自己十年！她那病弱的父親最終也在醫院病床上被紅衛兵圍著批鬥直至死亡。

我問她：「你少年時期的遭遇，在你的學校裡算是很特別的嗎？」

周婷站起來，拉上窗簾，把我們從陽光中隔離進了黑暗：「我那時至少是我們學校的新聞人物。我記得那時我的同學覺得興奮的話題之一，就是去大學觀看批鬥我的母親。」

「聽說您的人生中也有不少被稱爲新聞或時髦的事件？」我幾年前就聽到過不少關於她的新聞。

周婷無奈說：「是的，如果說第一次讓我成爲新聞人物的人是我母親，那麼後來便是我身邊的男人。」

「原因是？」我想知道她是不是傳說中的無情女人。

「最主要是情感上的因素。」

周婷這個截然不同於我預期的回答令我很興奮：「有人說：傳統女性不會有時髦的情感，而時髦女郎也不會有情感上的忠貞，那麼您的經歷屬於哪一類呢？」

她摸著那些都沒戴在無名指上的戒指說：「現實擺在我面前的是不倫不類。我本性中傳統意識很強，可婚姻生活又把我逼上了婚變之路。這，你是知道的。」

我曾被特邀聽過她婚變的議審案，可我沒聽到過她自己的感受。

周婷說：「第一次婚姻——其實我也只有這次婚姻，開始時跟很多人一樣，是別人介紹我認識他的。我那時在馬鞍山，他在南京，每星期我們只見一次面。那段時間對我來講，一切是那麼美好，晴空萬里，母親被平反了，我有了自己的工作，又有了一個將進入我生活的男人。所以我不願意聽周圍人的勸告去判斷、去了解、再決定什麼。在我看來那樣做太像文化大革命審訊我的政治人員了，我不想做那些文化大革命中人們喜歡做的事。

「就在我們準備結婚時，我的男朋友工作時出了事故，右手的五個手指都被機器軋斷了，這以後，很多人勸我，考慮婚姻要務實慎重，他是個殘廢，生活上很麻煩的。可我列舉古今中外名著中的愛情故事對家人和朋友們講：愛是無條件的，愛是一種獻身，愛一個人怎麼可以視他危難而不管。於是我毅然放棄自己的工作，奔到他的身邊與他結婚了。」

「這種行爲在別人看來是幼稚的，可對你來說，你很自豪、很幸福，對嗎？」我能想像女人的這種幸福是多麼的眞摯。

周婷滿意地看了我一眼：「眞的是這樣，你說得很對。我當時眞的是很幸福，我一丁點也沒有爲跟一個殘疾男人結婚而歎息後悔，一點點兒也沒有！我甚至覺得我的情感昇華了，就像走入了愛情小說！」

她微微掀開一點窗簾，一束細窄的陽光劃了進來，剛好射在她的脖頸上，被她戴的金項鏈反射在旁邊的牆上，光線已不再是那樣有力了。周婷說：

□

眞正的兩人世界開始後，我才發現一切都變了。以前他的工作單位領導講，只要我同他結婚，他們就會爲我提供一份好工作來幫助解決困難。我很感動，可我人到南京梅山鐵礦後，他們以工作需要爲由，竟把以前允諾我在梅山鐵礦醫院工作的話推翻，把我分到了鐵礦幼稚園小學作保健醫生，而且以外來户爲由，停止了我當年的升級漲工資的資格，我怎麼也没想到堂堂的領導怎麼能如此出爾反爾！

最可怕的還不是這工作上的變化，到了丈夫身邊生活後，我才發現了我丈夫是個拈花惹草的男人，他不分對方是比他大幾十歲的老太太或比他小十幾歲的少女，甚至那些蓬頭垢面的流浪女子，他都會去睡！這使我非常苦惱。特別是我生孩子時，他竟夜不歸宿，他爲此找了許多藉口，可沒兩天他自己又會説溜嘴。這樣很長時間之後，我忍無可忍，就向他提出警告。他也不爭辯，答應從此不與那些女人來往。可不久後一天他謊稱加班，恰好他的同事來看我，問起他，我説加班去了，他同事很納悶地順口説了一句：「不該他加班啊。」

我立刻意識到他又去找女人了。我很氣憤，當下把孩子送到鄰居那兒，便往他常交往的一個女人家奔去。

那女人家離我那兒不遠，只有幾街之隔，還沒到門口，我就看見我丈夫的自行車停放在那女人的家門前。我氣得發抖，上前敲門，半天沒有人應答。我再敲，只見那女人衣著不整走出來：「誰呀，大晚上鬧什麼呀？」可她一看是我，楞住了：「你？你來幹嗎，他，他不在我這兒。」

我一聽便知是欲蓋彌彰：「你怎麼知道我是來找他的，我是來找你的！」

她不願讓我進門。

「行，在門口談，也行，我只想對你説，請你今後不要同我丈夫來往，他是有家室的人。」

「唉，是你家丈夫天天往我這跑的，我可沒去過你家！」她一下提高嗓子。

「難道你不應該拒絕他嗎？他……」我開始出冷汗，我不擅長這種交談。

「笑話！你自己養不住男人，拴不住男人心，倒怪我們不關門!?」

「你？你……」我氣得發抖，說不出話。

「我？我怎麼啦？沒本事別在人家門口叫，有能耐就自己幹呀！」她幾乎在用妓女用的詞了，可她也是個有文化的醫生呀。

「吵什麼，醋娘們，我在這兒。今天也得讓你看看什麼是男人了！」突然我丈夫一邊拉著褲子上的拉鏈從內室衝出，並隨手從門邊拿起一根撐晾衣物的竿杆，劈頭便向我打來！同時還伴著那女人的話：「早該好好教訓她了！」

我來不及講話，頭一閃，竿杆打在我的左肩上，立刻一股鑽心的火辣辣的痛。因為他右手的殘疾，他沒能夠再打著我，在躲避接下來的幾杆時，我的心痛得比那傷疼更烈：這可是那發過海誓山盟不變心的丈夫嗎？他竟跟他的情婦這樣追打我!?

那是一個很大的生活區，聽到吵打聲，很多人出來圍觀，可沒有人上來制止他們。後來我竟在一個圍觀者圍成的大圈內，在衆目睽睽之下被丈夫追打，被他的情婦辱罵！直到我筋疲力盡且遍體鱗傷後，聞風而來的員警才抓住了我丈夫。這時，我竟聽到有個老太太的聲音說：「這些黃狗子（員警）眞多事，人家家事也要多管！」

我很想在黑暗中找到這說話的女人，讓她看看我那女人軀體上的血痕和流血的口子。可我站不起來，自然至今也不知道那個冷酷的女人心是誰的！

我被送進了醫院，外科醫生從我的身上拔出了二十二根竹刺，一位護士一氣之下，給市報寫了一封控訴信。第三天，我那纏滿紗布繃帶的身體便成了我首度成爲「新聞人物」的照片，同時我得到了社會各界的同情，很多人帶著水果、補品來看我。當然最多的是女人，我自己看到關於我被丈夫毆打的報紙是在幾個星期後，在報上我被描述成一個長期受虐待的妻子，可這不是事實，那次是我丈夫第一次打我。是有人同情我編造了我的經歷，還是有人想把我丈夫送上審判台，爲女人伸冤？也許是新聞和社會的需要？我搞不清。反正，第一次當新聞人物，我既不知道怎麼辦，卻又感到新奇。

□

我問周婷：「那您對此報導提出異議了嗎？」

「沒有。我那時自己一塌糊塗，不知該怎麼辦。再說，我心裡倒是很感謝那篇報導，否則，用『家務事』的角度去處理，女人哪有地位、權利呢？」

這種把丈夫施暴砍打妻子孩子的現象，被很多中國人算作家務事，特別是些上了年紀的農村老婦人，她們經歷了「苦媳婦熬成婆」的悲慘女人路，反而認爲這是一條每個女人都該走的路，這也是爲什麼，周婷被丈夫毆打時有那麼多人圍觀而沒人出來主持正義。

一聲歎氣之後，周婷說：「有時我想想，我活在這個時代好多了，否則，別說上學，就是吃飯不也得吃丈夫剩下的嗎？」

「你很會自我安慰。」其實，很多中國女性都用這種方式麻木她們自己。

「就這樣，我那丈夫還說，我就是讀書讀壞了。」

「那不是你丈夫發明的，孔夫子就講了，女子無才便是德。那麼您第二次成爲新聞人物，該是報導你殺人未遂那起案件了吧？」

「應該是吧，這報紙的嘴眞是殺人的刀，至今都沒人相信我說的眞象，都說『那報上講的千眞萬確』，可我有過第一次上報的體會，知道那不是什麼『千眞萬確』，卻沒想到另一個新聞把我從受害者轉變成了害人者。我很快就知道了新聞的厲害。」

周婷繼續說下去。

□

那時我已提出了同我前夫辦離婚，可他又是哭又是跪在地上求我給他最後一次機會，並説他是手殘的人，離開我的善良，今後他會陷入生存困境什麼的。我很矛盾，一方面，我不相信他把我打成那麼個樣子的秉性能改好，另一方面，我也眞怕他無力獨立生活，那些女人跟他玩肉玩錢可以，誰會跟他同甘共苦呢？

就在這時，我有一個出公差的工作，本來計畫外出三天，可事情辦得很順利，兩天就結束了，我很想孩子，也擔心生活自立不好的丈夫，就提前一天回家了。當我怕吵醒丈夫孩子而輕輕打開外門、內門時，所看到的情形差點把我氣昏過去：我丈夫跟另一個女人只穿個內褲，尷尬地看著意外到家的我。我覺得渾身的血都湧上了頭部，頭燙髮涼。

話也說不清了，我罵那個女人：「你是女人嗎？你跑到我家來做婊子嗎，你給我滾出去！」

我發瘋地喊著。那個女人慌忙跑到我的臥室，從我的床上拿起她的衣物。我更氣憤了，轉過身奔到廚房拿了一把菜刀，對我愛人說：「你給我說清楚，我是你什麼人？」

我丈夫一聽我氣勢洶洶，上來便是一腳，踢到我下身。我氣極了，對著他把菜刀扔過去，他一躲，閃過了菜刀，呆住了！他沒想到我會眞的對他動手。我渾身發抖，幾乎講不成話：「聽……聽著，你……你們在幹什麼？要不老實說，咱們三個人就得有一個倒在這兒！」

我從門後拿下一條掛在那兒的皮帶，發瘋般地揮舞打著！因爲他們這時分站兩個方向，我無法同時懲罰兩個人，就在我轉向我丈夫時，那個女人奪門而出，我便轉身追上前，用皮帶抽她，命令她去派出所！她一路上直喊下次再也不敢了，可一進派出所大門口，她突然向值班室奔去，一邊喊著救命。

我不知道她的親戚是這個派出所的員警，更不知道她的另一個情人也在這個派出所，所以當跑到我跟前的員警奪下我手中的皮帶，把我的手扭到後背時，我大喊：「你們搞錯了，是她跑到我家行姦，你們聽見了嗎？」我極力掙扎著。

「什麼？」員警顯然被我的話驚住了。你知道在當時的中國社會，男女亂搞可是大案，婚外男女的性行爲是可以按「流氓罪」判三年以上甚至更多年的徒刑的。

「你有什麼證據說她在你家行姦？」說話的員警放開我的手。

「要是我出示證據，你們會把她怎麼樣？」我知道我一定能找到證據。

「要是你拿不出證據，我們可要按誣告加行兇來收審你的。」那時沒有什麼法律程式。現在想想，我眞懷疑那些員警懂不懂法。「我只要三個小時，若我拿不出證據，我甘願受罰!!」我發誓。

「好吧，我們派人跟你去取證據，現在就走。」說話的是一個年齡稍大些的，可能是這個派出所的頭兒。

這樣，我在一位員警的「押送」下回家找證據。在家茫然不知所措的丈夫坐在沙發上抽著煙，看到我和一位員警回家有點兒吃驚。我沒理睬他，逕直走進臥室，但沒找到什麼。我又跑進了廁所，也沒有什麼可疑物，最後我打開廚房垃圾盒，看見裡面有一個包兒，包了一條拋棄型女內褲，褲襠上還有未乾的精液。

站在身邊的員警看著我搖著頭。這時，一直緊張地看著我翻東西的丈夫臉色慘白，結結巴巴說：「你，你要幹什麼？」

「告你們去！」我斬釘截鐵地說。

「你，你這不毀了我嗎？」他氣急敗壞。

「你已做了許多毀了我的事！」我頭也不回，拿著證據出了門。

在派出所門外，有位員警在等著我們，他用手勢讓押送我的員警走開，然後對我說：「我知道你這麼快回來，一定是取到證物了，有件事想跟你商量一下。」

他的口氣讓我吃驚：「商量？你跟我商量什麼？」

「是這樣，這個女人是我們所長的小姨子，事鬧出來，我們所長很難堪。另外，她丈夫也來了，求我們找你私了，他說他老婆有男人病，看在他的份上，還有他們的女兒也剛十四歲開始懂事了，要是收審了這女人，大家都會抬不起頭的。」

「那誰爲我想了，誰爲我的孩子想了？我的家受到了傷害，我怎麼辦？」我生氣了。

「你不是正鬧離婚嗎。現在辦離婚難著呢，沒有充足理由，起碼得熬你三年多。到時候我們找人在法官面前爲你講情，甚至作證都行。那樣你的判決就會快。」

「你們做什麼證？」我不明白他說的意思。

「我們可以作證你丈夫有外遇呀。」他顯得很幫我。

「你們拿什麼作證？」我想起了我手中的證據還沒交給他們。

「嗨，這太容易了，你丈夫的事已經沸沸揚揚，我們略證明個一兩點不就行了嗎？」

「那，你們不用費心找或編瞎話了，這就是今晚的證據！」我把那條女內褲遞給他。可我太缺少法律知識了，既不曉得向他們要證據的收條，又不懂應立供簽字。我只想早了早完。然而，在事後第二個星期的法庭上，當我提出這個派出所可證明時，法官傳告我說：「據詢查，該派出所從未經手你的任何事，也沒任何審案口供記錄，根本沒有證據在檔！」

天哪!?那不是人民警察，法律工具呵，能這麼坑朦拐騙嗎!?

□

「事後，您把這情況上告了什麼部門嗎？」我知道員警是一個紅黑相兼的職業。

周婷很吃驚我的正直：「我告什麼?告誰?還沒等我去這個派出所討個說法呢，地區報上竟刊了一條〈妻子尋仇兇殺未遂，弱女人被推上公堂〉的消息，消息中說我對丈夫行兇被警方及時阻止，並得到寬大處理，因丈夫確認無法安全生存家中故上訴法定庭，要求離婚。「我這個上訴人、受害者，在報上被渲染成了一個行兇和發洩私憤的女人，還被丈夫送上了法庭。轉載的過程我被一次次加工，最後竟成了站在血中大笑的瘋女人了！」

「你對此如何反應？」我有點爲這樣的記者害羞。

周婷：「對當時的我來講是雪上加霜，剛剛破裂的家庭，一個人帶著年幼的孩子寄宿母親家中。」

「你原來的住處呢？」這是一個我應該知道答案的問題，在中國的國營單位，幾乎所有雙職工的福利都是在男方的名下。

「單位說是以他的名份分的房，所以房子屬於他的。」

「那麼，單位讓你住哪兒呢？」我覺得，離婚的女人就像從樹莖上枯落的樹葉。

「他們說暫且自己找個地方，等下次分房時幫助解決。」

我很知道這個「下次」是什麼意思，那意味著要用過好幾本年曆之後才能等到。

「現在還沒到呢！都過去九年了。」周婷的語氣中帶著一種嘲諷。

「他們不管你了？」

「近乎是不管了，我找到工會主任，請組織幫忙，工會主任是個近五十歲的女人，她用理解的口吻說，女人好辦，再找個有房的男人，什麼都有了。」

「這是你們工會主席說的？」我無法想像這位黨的幹部的文化水平。

「眞的！沒半句是我自己編的。」她有點委屈。

我好像有點明白了：「所以你一直沒找新聞界。」可是我錯了。

「不是，我打了電話到報社，他們不睬我。我上告社長，社長半幽默半威脅說，事情已經過去了，我不提誰也想不起了。他問我還想再當回新聞人物？這回想跟報社幹一場？

「我氣極了，對他說，你們不是信『有人』這個詞兒嗎？我也有人在上邊。不信，你們打電話到新華社某某編輯部主任家問問他我是誰⁉

「那天晚上，那家報社的一個辦公室主任跟一個編輯帶著禮品到了我母親家，他們口氣很誠懇，弄得我母親也站在他們一邊幫他們講情，讓我退一步海闊天空、多一事不如少一事，再則我也實在無力再為這些折騰了，於是就罷了。」

周婷說：「唉，命啊，命運把我一個臺階一個臺階送到了人們的熱門話裡！」

至於她第三次成為時髦人物，我知道那個新聞是她用命換的。

□

第三次是因為一個愛的生離死別。就在與前夫上公堂時，我所在單位有位年輕男老師，叫魏海，他家在外地，所以他住校。因我厭惡見到我丈夫，又擔心他大打出手，所以我常常下班後仍留在辦公室看雜誌。後來，魏海也常常從宿舍下到教師辦公室看報。有一天，他看著我突然激動地抓住我的手：「周婷，別再苦熬了，跟我一起生活吧，我一定讓你幸福！」他的眼中閃著淚花。

此情此景我永遠不會忘記！我還沒有辦完離婚，所以我不能答應他，況且我心中很顧慮他比我小九歲。本來女人老得就快，我們在一起，一定又會是引人議論的，我害怕了。

辦完離婚後，在人們眼裡我已是個壞女人了，好在那時中國開始了開放改革，人們都忙著找錢去了，沒有很多的人再盯著他人的私生活了，我便和魏海開始同居。魏海對我的確非常好，非常好，可以說是無微不致，我覺得自己幸福極了，而且漸漸地把這個男人放在了我生命中最最重要的地方，甚至遠遠高於我的兒子。

我和魏海恩愛的生活大約一年多，我的單位工會、行政辦的兩位主任找到我家，希望我們儘快辦理結婚手續，而不是同居。雖然中國那時剛剛開始開放，但總體國情仍很保守，我和魏海的同居在一些人眼裡是傷風敗俗！特別在有些女人眼裡簡直是羞恥。可我的同居給我帶來的幸福和力量遠遠超過了我對人言的畏懼，而對我和魏海來講，結婚只是時間問題。所以在組織兩位領導上門的當天，我和魏海就約定，下星期各自到各單位開證明，然後辦結婚手續。因我們已同居一年多了，所以也倒没爲結婚的決定而興奮慶賀。

到了那個週三的上午，我給魏海打了一個電話告訴他，我已開完證明，問他是否辦好，他說没問題。下午三點左右他打電話說，在親屬家住的母親在找我，要我回馬鞍山，没說因爲什麼事兒。我想到老人家是否發生了意外，於是不到下班時間就請假，趕四點半的長途班車。然而在我五點半到達母親的住處後，老人看我滿頭大汗跑回家，問我：「怎麼了？」母親又說：「魏海也給家中打電話說他要回馬鞍山，讓你等他，你們這是怎麼了？」

「我不知道呀？」我傻了。

我不等母親再問，轉身向長途汽車站跑去，我要去接魏海。到了九點，我已無法再等下去了，我坐上一輛返回南京的車，決定回我們家看看是不是魏海病了？還是……？我家離長途車站不遠，走進家，我看到了燈光，又驚又喜，我想魏海在呢。但，奇怪，所有的燈都開著，可沒有人！就在我被一種可怕驅使下到臥室打開衣廚時，我涼了！周身透涼：

魏海的衣服一件也不在，他走了！他拿走了他的一切用品，就在我們決定結婚的時候，他走了！一個字，一個詞也沒有，也沒有一句話！

□

一滴淚水在周婷的眼中滾動著，她抬起頭，努力想忍住那滴淚，可淚還是滾落了下來：

我癱在地上，渾身顫抖著不知道多久時間。我隱約聽到外面有脚步聲，一線希望使我站起來。門外站著魏海的表哥，他說魏海讓他給我送鑰匙。我說，太晚了不方便，明天再說吧，他表哥無可奈何走了。

我鎖好所有門窗，打開煤氣閥門，坐下來開始錄音，我要對母親說對不起，因爲養育之恩未報，孝道未盡，但我已無情無心於這個世界。我要對兒子說對不起，因爲我天職未了，未見兒子成人便無力再存於人世間。可我不打算留下話給魏海，我要在陰間對他講，讓我的靈魂告訴他我的深愛和憾恨！就在我支撐不住頭疼欲炸，人體欲裂時，我聽到門外窗外的人聲：「小婷，你開門呀，你媽媽在外面等你呢？」「唉，小婷，可別想不開，有話先說，再決定做什麼。」「別胡來，人生長著哪，一個男人算什麼，世上好男人有的是！」「不行！千萬別用火，房子裡全是煤氣，會爆炸的！」「快……這個窗子夠大，快砸了它，快……」

以後的事，我就不知道了……再睜開眼，母親正拉著我的手流淚，看到我睜開眼，悲喜交加，泣不成聲。媽媽說我昏迷了兩天多。

我醒了嗎？我知道我沒有醒，我的內心仍在昏迷，我的情仍在昏迷。在那個白色的病床上我整整躺了十八天！瘦成只有三十五公斤半！

兩年多的時間裡，我無法睡好一個覺，不僅如此，我還得了一種怪病，見男人就噁心，甚至公共汽車上有男人碰我，我都會到家用肥皂使勁兒刷那個地方。

到了第三年，因爲我很難再在原單位呆下去了，所以魏海走後，我也離開了原單位。那時離職很難，可我已無所求也無所懼怕，毅然應聘到一個銷售公司當業務員。以我的知識和經商的悟性，我把業務做得很成功，很快在營養品市場成爲受歡迎的代理商。不久幾個大公司都想高薪聘我，我也就在不同的公司積累經驗。

錢和生活，這時，對我來說已不成問題，甚至開始奢侈。但情感上我仍未騰空魏海，自然也裝不入他人，可魏海留給我的是深深的怨！

□

她的兩眼停留在天花板上彷彿在尋找著什麼。

好大一會兒，那目光才回到我的臉上：「這時，我漸漸又被新聞界注意上了，他們稱我爲『銷售皇后』，開始追蹤我的商務活動，並找各種藉口採訪我。可現在的我與已往不同了，我已經知道如何防備和警告他們了。所以雖然我開始多次出現在報上，但他們從未再提及我個人的生活。

「後來我遇到一個人。他是上海一家大股份公司的老闆。他的公司要有人幫他擴大市場，此外，他是一個性無能者，一直未成家，聽說我厭惡男人，他倒覺得是一個成家好機會，他開始滿足我對物質的需求，而且將他股份的七分之一送給我做訂婚禮。對我來講這倒也不錯，一是不要爲別人跑腿打工，二是不必再受男人騷擾，一舉兩得。於是，上海一家企業報搶首登出〈推銷皇后與股份大老闆聯姻，市場將因此顫動〉，很快被轉載於很多報紙。」

「你們很快結婚了嗎？」我眞希望她有個歸宿，可她那麼多的戒指都沒戴在無名指上。

「沒有。」她用兩個無名指對搭起來，淡淡地回答著我。

「爲什麼？又是新聞界？」

「不是，這時，魏海出現了！」

「魏海找你來了？」我有一種噁心的感覺。

「他沒找我，可是他出現在我訓練當地銷售員的會場上。一見到他，我那已空了很長時間的感情一下子又注滿了。」她搖著頭說。

我以一種怪怪的語氣問她：「你依然那麼愛他？」

周婷不理睬我的怪語氣：「是的。再見到他，我也才知道，我仍然深深愛著他。」

「他呢？他還愛你嗎？很愛……？」我不相信。

「我不知道，也不想問，我怕碰那過去的傷。魏海這時顯得很弱，看不出當年握著我的手要求我與他生活的勇氣和信心，可他的眼中仍有我嚮往的深情。」她顯得很滿足。

「你又回到魏海身邊了⁉」女人們總是爲男人的無情找藉口。

「是的，我退出了公司股份，退了那位老闆的婚約，與魏海租了個單位。至今我們仍在一起。」她的話中沒有任何的形容詞。

「幸福嗎？」這是我最關心的。

「不知道。我們誰都不提那次離別，在我們之間有些東西，我想是永遠也不能再碰了。」

「你認爲魏海永遠不會再離開你了嗎？」

「他要是有事業，或遇到另一個成功的女人，他一定會走的。」她又搭起了無名指。

「噢？那你——」我是加倍地不懂了。

「那我爲什麼還與他生活在一起，是嗎？」她那雙被淚水浸過的眼現在點著火苗。「那是因爲他曾給予我的那第一句話和那段最美好的回憶。」

又一個地地道道癡情的女人話。我想給她一個點撥：「你是靠回憶在支撐培養你對魏海的情感嗎？」

她並不迷：「可以這麼說吧，女人就這麼賤呵。」

「魏海知道你這些想法嗎？」

「他不必了解，他是四十歲的人了，歲月應該告訴他，教懂他了很多。」

她的表情像一個談判老手，我的問題卻像一個中學生：「可你近五十歲了，不仍就追求那份女人情不減當年嗎？」

「女人就是女人。我想，男人在人的情感上不會跟女人一樣，也永遠不理解女人。男人是山，只知道自己腳下的地，身上的植被。而女人是水。」

「爲什麼女人是水呢？」我想起了靜怡的話。

「這是我自己的說法，都說女人是水，我想，一因水爲生命之源，二是水的流動、適應性強，三是水總是給予、讓人佔有，心甘情願把自我損耗在每一處她經過的地方，滋潤那兒的生命。魏海要是有機會，他是不會爲我留在那個他不是頂天立地形象的家中的。」周婷說。

「後來我才知道，我又因情感新聞上報了！你可能沒看到那條新聞〈商場女強人放棄鉅賈聯姻重溫昔日情人愛意〉什麼的。我不知道幾番新聞加工後的我，在別人的心中是怎麼樣的。可我知道我成了怪女人，殺人放火我都幹過了。這爲我與環境造成了隔離，親朋對我敬而遠之。可另一方面也爲我帶來了些意想不到的效益。」她苦笑著。

「人們在接受我的推銷前，總要提起我的舊事新聞。我的產品市場也就在他們的好奇或是興趣中打開了。」

那雙戴有七、八個戒指的手，向我顯示了她的經濟效益。

「看上去，我的名字和我的經歷就像一把開啓市場的鑰匙。可誰能理解，打這把鑰匙要付出多少女人的疼痛、心血、情感、冤怨呢？誰又能感受到那些舊式新聞本身的代價呢？」

我問她：「要是有女人問你，你成功的秘訣是什麼？你將怎樣回答呢？」

「我應該告訴她們：第一，關掉女人的柔情，讓新聞感歎你的特別。第二，劃開自己的心，讓『血淋淋』幫助你成爲新聞人物、時髦女人。然後，帶著你的產品，向公眾展示你的傷疤，訴說你的疼痛。在人們指點你的傷口、想像你的經歷時，把你的產品放進他們的櫃檯，再拿走屬於你的錢。」

一組多麼可悲的程式，一股涼氣襲擊了我的背：「哦，周婷！不會是這樣吧？」

「是的，我的經歷、感受就是如此！」

她的目光、語氣都加強了這句話。我又一次被女人的勇敢震驚。

「你手上有繭嗎？身上有傷疤嗎？如果有，你試一試，它們的知覺如何？」

她的吐字發聲那麼輕柔，可詞語卻那麼冷硬，我感到一種疼痛。

「欣然，謝謝你。我得走了。今晚我還要去幾個大商店檢查下個季度的理貨情況。對不起了！」

「謝謝你！希望你的心中沒有太硬的繭，愛會軟化它的。」

「謝謝，痲比疼好受，再見吧。」她用「繭子」般硬的語氣回謝我。

□

離開大酒店時，太陽正在卸下它所有的光彩爲人們裝扮著傍晚的霞。那天，我第一次明白了太陽是給與的，女人是癡情的，她們有一樣的經歷。

很多人認爲時髦的女人眼裡只有錢，可沒有多少人知道她們走到今天時的路上有多少淚，多少苦，多少難，多少痛……！

我相信，女人天生爲情物，無論她是不是時髦人物、新聞人物。

第十五章　吆喝坡的步伐

在吆喝坡，女人有一個很奇怪的現象：十幾歲以上的女子走路的姿態非常怪異，她們從大腿根部便叉開著邁步走路，每個女人走動時都因這叉開的脚步而顯得擺幅很大，彷彿在「搬運」著她們自己的身體。

剛剛改革開放的中國像一個饑餓的孩子，幾乎來不及選擇就「吃」進了她所能「搆」到的一切；飽餐之後，人們看到了她臉上的紅暈和微笑，可她自己沒有預見消化不良會給她長久饑餓的身體帶來什麼痛苦跟危害，而他人也無法感受到她在廁所裡的絞痛和體內平衡失調所帶來的後患。世界所看到的，僅是一個換了新衣服、不再喊餓的中國。然而，生存在中國每一個社會細胞中的記者們，看到了、想到了她體內正發生的問題，可是他們無法令她的大腦作用，因爲在那個時代，中國的大腦裡還沒有長出吸納眞實、自由的細胞。記者所看到的，常常令他們震驚、疑惑，甚至痛苦，但他們很難寫出、說出並發表他們看到的眞相，而他們被迫說、寫、發表的，又常常是他們不想說，不想寫的，爲了生活與平安，他們被迫這樣做。在眞實和假相的對立之中，在良知道德與職業任務的分配之中，在靈魂的追求與肉體的生存需要的較量之中，記者失去了自我，失去了思想和內心情感的自由，也導致他們失去了生命的營養與健康的心理。很多記者的良知與生存、視聽與釋放的交通堵塞，導致了他們人生的生命事故。

我曾經差一點兒在這樣的事故中「喪命」。

在採訪那些生活在政治婚姻中而根本無感情而言的女人時，在親眼看到那些掙扎在貧寒和艱辛中的女人們，生兒育女時連碗湯或一個雞蛋都吃不到時，在聽到電話錄音中因被丈夫打罵不敢大聲哭泣的女人時，我常常呆坐在那裡，我無奈於新聞紀律，無法讓她們獲得更多的共鳴和支援，我只能爲此痛苦，落淚。

□

九六年秋，從黨代會上採訪回來的老陳告訴我一個消息，省政府打算組織幾個大型扶貧團前往西北、西南等經濟貧困地區調研扶貧。他說他打算隨一個團去採訪延安革命老區，去看一看那些用生命跟血汗養育了中國共產黨的老百姓，老陳說那兒是一個被革命者們遺忘了的角落。

我知道這是我了解中國女人的又一個良機，沒有多慮便報了名。我被分配到西北團。在中國，「西北」是相對於人口集中、經濟較發達的東部而言的地區，因此，自中國中部的西安向西便被稱作「西部」。

出發前，我精簡掉了大量平日外出採訪的用品。因爲據說那是一個非常窮困的黃土山區，面對那些從未見過外面世界，也許從未有過溫飽之感的人們，我想我會在他們的面前因自己那些舒適的用品而尷尬的，所以我決定把自己眞正地放入那貧困中，品嘗一下貧困的苦澀。西北團在西安兵分三路：我們組是一行五人，三位記者、一位醫生、一位當地政府的嚮導人員。

富有與貧窮，總是以無限的表達方式來區分它們自己。視野中的畫面在我們的行程中越來越簡單：城市的高樓大廈、人聲喧嘩、五彩繽紛，漸漸換成破舊矮小的磚房土屋、塵土飛揚和那些穿著灰暗單一的農民。後來，乾脆連人群生存的痕跡都很少見到了。連綿的黃土坡，動輒怒氣衝天的風沙，把一切都揉進了你很難睜開眼去看清的景象。

大約兩天半的顚簸，一輛軍用吉普車把我們送到了目的地：吆喝坡。

吆喝坡是一個在地圖上找不到的小村落，那位嚮導說，他也是「天生頭一回」到這裡。汽車的轟鳴引來了好奇的村民和孩子。他們圍著吉普車議論紛紛，都說這車是喝油的「馬」。他們把這「馬」的軀體分配成你我所能想像的一樣：輪爲蹄、頂爲背、前爲馬頭、中是馬身。

第一頓飯是吆喝坡人的歡迎宴會：幾塊白麵餅，一人一碗稀稀的麵糊湯，一人一小碟雞蛋炒辣椒。後來我才知道，那頓飯是區政府請嚮導專程爲我們帶過來的。

飯後，燭火引領我們到各自的「家」，兩位男記者獨自一眼土窯，醫生跟一位老大爺住一起，而我與一位小姑娘同住一窯。窯內，燭光微弱，什麼也看不清，可我能聞到那被褥給太陽曬出的「太陽味」，我很喜歡這種味兒。我打開自己的簡單行裝，剛想問小姑娘如何洗漱，卻發現小姑娘已爬上了炕。我這才突然想起路上嚮導說的話：這是一個水比油貴的地方。

第一天，吃過我們特有的早飯（稀麵糊湯加一小塊乾硬的饃），便開始分頭採訪。我說我要以我的性別優勢採訪吆喝坡的女人；只見那些以「有文化」爲資本，可不會寫自己姓名的村幹部不以爲然地搖搖頭：「娘兒們有啥好說道的！」

可我堅持這樣做，於是村幹部不再強求。在他們看來，我也是「娘兒們」一個，啥也不懂，只不過「趕趕氣勢，學著男人的樣，表示新氣兒罷了」。

我並不介意在他們眼裡我是什麼，這是我多年記者經歷教會我的「大智若愚」，只要我能找到我需要的素材，我才不在乎人們的一時之見呢。

□

「吆喝坡」這個村名，乍一聽充滿喧鬧和生命的活力，可等你走進了這個地方，你發現，在這個只有土沙石而不見綠地流水的黃土坡上幾乎尋覓不到生命的跡象。即便偶爾看到一個小昆蟲，你也會感到它在慌忙逃離此地。吆喝坡地處黃土高原與沙漠交接地帶，常年不停的四季風，不知疲倦地翻騰著那肆虐了近千年的黃土沙石，人在其中如裹霧行雲，很難看到幾步外的人。出入在吆喝坡的人們，特別是在山坡上勞作時，只能以大聲呼喚來保持聯繫和傳遞他們認爲的「新聞」。正因爲如此，據說吆喝坡的人都有亮嗓銅喉之美稱，沒有人說得清吆喝坡是否因此得名，可我想應該有這個因素。

吆喝坡是一個幾無絲毫現代社會痕跡的村落，十幾眼低矮的窯洞裡住著只有四個姓氏的十幾戶人家。吆喝坡的人，像中國許多落後貧困地區的人們一樣並不排斥女人，其中最主要的原因恐怕是：女人是他們生命中獲利的最大買賣，也是他們傳宗接代的保證。所以吆喝坡的人不惜用兩到三個女孩子到外村換一個媳婦。因爲窮，這裡維持「香火」格外難，幾乎大多的家庭組成都來自於換親，即把家中的女人外嫁異鄉，以此爲家中的男人換來媳婦傳宗接代。所以，吆喝坡的女人大多來自外鄉，也許來自更貧困或更動盪的家庭；而她們成爲母親後，又無奈地割捨自己的女兒，重覆舊轍，以完成家中新一代的延續。

在吆喝坡還有一些特殊的家庭結構：一個妻子有幾個丈夫。這大多是窮極而又無女孩子的家庭，長大的男人要「陰陽平衡」，家要傳宗接代。於是，家中幾個兄弟合買一個女人，白天「共用」女人在家中做的飯、料理的家務，夜晚輪流「分享」女人的身體。若是女人有孕又能生下孩子，那些兄弟便是孩子的大爸、二爸、三爸、四爸……至於哪個是孩子的親父，有時連女人自己也說不清。在吆喝坡沒有人認爲這是違法的，因爲這是「祖上傳下來的」規矩，那是比法還勢大的。

在吆喝坡，沒有人同情這種有很多丈夫的女人，因爲女人就是「用」的，「你用」或「他用」是一樣的！更沒人取笑那些有很多父親的孩子們，因爲他們將擁有幾個男人的呵護和幾個男人的財產！而吆喝坡的女人是沒有家產或遺產權的，特別是那些外村來的女人們。

採訪中我發現，無論住在吆喝坡的女人來自何方，她們都非常快就進入吆喝坡那世代的習俗中。是貧困的力量，還是無知的神差，我不知道。可我想，做吆喝坡的媳婦是很不容易的。在她們那一間屋子半間炕的土窯裡，所謂的家具物品只是些石台、草鋪、粗瓦盆，而泥瓦罐已是「富戶」人家的奢侈品了。在那裡，你別想找到一丁點女性用品或孩子玩具之類的東西。我想那是一個個無性別的家，可他們有性別的行爲與結果（孩子）。

因爲女人們是因賣掉親人而「買」回來的，所以她們既要忍受那家人因思念他們的親人而積的怨，因「破家財」而攢的恨，又要日夜操勞，保證全家人的吃喝拉撒睡。

迎接吆喝坡黎明的是女人：她們餵牲口，清理家院，爲男人下地準備好農具，包括磨補那些鈍鏽的工具；送走男人後，她們得到幾十里外的山後接那斷斷續續的澗水，一副三十公斤重的水桶一上肩便是兩個多小時往返的山路；午後，她們結伴搭夥爲自己家的男人們送食物和剛做好的稀麵糊；從地裡回來，她們趕緊坐到織機旁紡織著一家人穿衣帶帽的布料，或是製衣做鞋。吆喝坡的人不吃晚飯，日落而息的男人們常常不耐煩地喝斥著女人：「磨蹭什麼？還不上炕！」那是男人們要「用」女人了（「用」是吆喝坡男人享受女人的專用詞）。

待窯內傳出了男人的鼾聲，被「用」過的女人則得下炕，收拾一天的家用，照料那些幾乎是隨身背抱的小孩子們。在吆喝坡，即便是幼小未成人的女孩子也得加入勞碌。當夜色在女人的喘氣中完全控制了吆喝坡時，女人們才能因爲沒有光亮無法做事而一頭栽到炕上。

我想，她們從不曾有睡前家人之間的談天、讀書或是想心事的感受。

如果說吆喝坡的女人有揚眉吐氣的日子，那便是她們生男孩子的時刻。被生產的劇痛折磨得大汗淋漓的女人，會聽到她們最得意、最自豪的那個字：「中」！那是她的男人對她爲這個家庭沿續了香火的最高精神獎勵，而物質獎賞便是一碗糖水沖蛋；生女孩子的女人不會受到歧視，但沒有權力喝糖水沖蛋。吆喝坡有它獨特的社會形態，可它並沒離開中國男尊女卑人文形態的軌道。

生活的細碎瑣事，像鏈環，把吆喝坡的女人一環一環鎖在繁重的家務裡，而時間又無情地拉著這鏈環，一天天走向女人的衰老。吆喝坡的女人每天送走了天的光亮，也送走了她們自己青春的光彩。吆喝村的女人無論老少都是被鎖入「鏈環」的，吆喝村的孩子們，自五、六歲大便要隨大人到山坡上挖掘那些根本長不出葉莖的茅草根以作炊用。

初到吆喝坡的頭幾天，我很不解，那十幾眼窯洞前後忙碌的婦女身邊玩耍或幫忙做事的大多都是男孩子，以為這又是一個「封殺女嬰」的村落。後來我才知道，男孩子是家族的血脈，香火是不能露羞顯恥的，所以家中每三五年才添置的衣物要先考慮男孩子，而女孩子們常常是姐妹們幾人只有一套外衣。白天炕上一張大單子就算是女孩子遮羞蔽體的「衣服」。小姐妹們輪流穿著那身誰都得「套」進去的衣服，下炕外出幫助母親做事。在吆喝坡中竟有一家八個女兒只有一條褲子，而且那還是一條補丁已覆蓋住原來布料顏色的褲子！好像她們的母親正在孕育著第九個孩子。八個女孩兒緊緊挨在一起做針線活，像一個小作坊中的生產線，各自分工，說說笑笑做著男人的鞋。她們的話題一定都是「穿衣服」那天的見聞，她們都把「穿衣服」那天視為一種希望，這一天所塡充的見聞，是她們在下一個等待週期中分散辛苦的資料。在與她們相處的十幾天裡，我幾乎沒有聽到她們談及女人自己的事，即使我刻意引出女人的髮式、服裝、身材、化妝什麼的話題，她們常常不知道我在說什麼。在她們看來，這個世界就只在她們的吆喝坡內，而女人也只有她們這一種活法。

我沒敢告訴這些女孩子們外面的世界和外面女人們的活法。為什麼？因為我知道，生活在「知道」而「得不到」中，要比生活在「不知道」中可悲，甚至可怕得多。

□

在吆喝坡，女人有一個很奇怪的現象：十幾歲以上的女子走路的姿態非常怪異，她們從大腿根部便叉開著邁步走路，每個女人走動時都因這叉開的腳步而顯得擺幅很大，彷彿在「搬運」著她們自己的身體。可小姑娘的舉止一點也沒有顯出將來會變成這樣走路，一如常人行走姿態，嬌柔可愛。開始的幾天，我找不到答案，也就擱在心上。

外出採訪時，我有一個嗜好：勾畫那些我認爲有特點的景物。對吆喝坡景色的描繪是不必用色彩的，幾個線條便能展示出你在別處看不到的景象。我發現，我筆下的吆喝坡有大大小小的山石塊，那些山石塊大多聚放在每家窯洞前土坡，每家似乎都擁有一些，數量和形狀都沒有規律，只是那些石頭下都壓著些顏色暗紅發黑的樹葉。更令我不解的是，吆喝坡是個只生長茅草根而不長綠色植被的土石坡地，當地人大多靠採石料拖土坯爲生，從哪兒來的這些樹葉呢？

我細細觀察了那些樹葉：大約有十幾公分長，五到六公分寬，葉面好像被人打磨過了，葉邊顯然被剪裁過。有的樹葉略厚些，用手按上去似乎潮潮的，散發著一股腥臭；有的樹葉已被火爆的陽光和那些巨石「加工」得非常乾燥，但並不發脆很有韌性，同樣也有血腥味。

我覺得我從來沒在書上或中國南北各地看見過這樣的樹葉。

這些樹葉是幹什麼的？吃的？用的？

我問了吆喝坡的人，男人只說：「是娘兒們的！」不願再多說一句。

孩子們呆呆搖頭說：「不知道是什麼，爹娘說不能碰。」

女人們乾脆低頭不語，一個字也不給。

那究竟是什麼？同住的妞兒說：「你最好去問我奶奶！她一定會告訴你的。」她那位奶奶其實並不太老，是早婚早育的經歷把她排到了這個村落很高的輩份，同時也把她推到了乾癟衰老的狀態。

當那位奶奶慢慢說出那是女人的月經用品時，我幾乎驚呆了！那是吆喝坡女人的衛生紙、衛生巾？

奶奶告訴我，吆喝坡的女孩子第一次來月經時，母親或家中的長輩女性便會把十片從很遠很遠的山外採來的這種樹葉當作成人禮送給女孩，還有那些初嫁到吆喝的新媳婦們。然後，老人們會指導女還們如何加工：先得把樹葉剪裁成符合她自己下身外陰部的尺寸，以便放入「褲」內（如果她有的話），然後要在樹葉面上用錐子紮出很多小孔，以幫助樹葉吸納更多的血水。這種樹葉的纖維很粗，葉面上的基網伸縮性較大，吸入血水後便能漲厚，以後又可被山石壓擠出血水，並被陽光很快地曬乾。加工好的十片樹葉，就被這個女孩子月覆一月地當作月經用品甚至是產後用品，直至這個女人離開吆喝坡或是告別人世。若這個女人終生生活在吆喝坡，那麼這些樹葉將是她唯一的隨藏品，那是一個滴水如油的地區，所以女人們只有以山石曬壓那些樹葉，以保持乾燥。

我用我隨身帶來的衛生巾跟那位奶奶換了一片新樹葉。我摸著那葉面，不禁落淚：這種連手都難以忍受的粗糙樹葉，怎麼能放入女人那最柔弱的下身呢？這時我才明白了，爲什麼吆喝坡的女人叉著腿走路，那是因爲她們的大腿根一定被那些樹葉磨得傷痕纍纍而無法保持正常姿態行走了！

然而，另一個吆喝坡女人叉著腿走路的原因更令我震驚！

「子宮」這個詞，用漢字寫出來就是孩子的宮殿，一個生命誕生的殿堂，一切聽上去那麼美。而且我想每個女人隨著自身的長大，幾乎每個女人都知道這是女性性器官之一，這是女人信心驕傲的種植園。可吆喝坡的女人竟不知道那是什麼……

同去的醫生告訴我，一個吆喝坡的男人說，她婆娘不會生孩子，他請醫生斷一斷病。醫生問他，他的女人是否有過「喜」，他說：「那可有過，且不少，但都留不住！」。醫生得那男人的特准，爲他妻子做檢查，醫生傻了：那個女人的子宮半懸在體外！長年的磨擦和感染，使那暴露的部分變異成如手繭般的角質。他無法想像是什麼導致她們如此的。那女人面對醫生的驚異，不以爲然，說吆喝坡的女人都這樣。於是醫生請我幫他確認這是否爲眞，幾天後我證實了那個女人的話，是的，而且是她們叉腿走路的又一個原因。

在吆喝坡，人們沒有抗爭或迴避自然的知識。那些男人和女人所組成的家庭都十分龐大，女人像機器一樣承受著男人的「播種」，又如機械一般一年一個甚至兩年三個，「製造」出他們那沒有保障活下來的孩子們。據我所知，吆喝坡的「計劃生育」便是嬰兒的夭折及女人在過度勞累中的流產。

我尤其無法接受的是：吆喝坡的女人連懷孕和待產都要像「工具」一樣被男人「使用」！吆喝坡的男人爲此還有一個響噹噹的理由：「抗壓的兒才叫板正呢！」「抗壓」，指男人們在女人身上盡性做愛；「板正」，是胎兒坐胎牢固不因此而流產所證明的強壯。

你在吆喝坡總能看到懷孕的女人，可她們都不急於爲腹中新生命準備什麼，她們的男人也決不會因此高興地一蹦三跳。懷孕的女人們得照常勞作，照常被男人「用」，以「考驗」這個孩子的強壯！而令我心驚的是那些一家兄弟幾人共有一個妻子的女人，一個懷孕的女人怎麼能忍受幾個男人的「使用」呢？可事實上，眞有女人撐了過來而她的孩子也眞的很強壯。我不知道，這是不是吆喝坡人口自生自滅的一種「優選法」。可這「優選法」使吆喝坡的女人們子宮嚴重下垂，甚至長期懸拖於體外！

吆喝坡的女人最無私，所以她們無畏，連她們那女人生命的標誌子宮長期壓擠在體外，她們也無所畏懼。

這項發現，使我那天躺在吆喝坡的土炕上流著淚，久久無法入睡：她們也是女人，同我一樣也是一輩子，而且我們生存在同一個時代！可吆喝坡的女人得做家務、農活，得生兒育女，得作男人睡覺的工具。

我唯一欣慰的是：吆喝坡的女人沒有現代社會的概念，更沒有女人權利的意識，她們快樂，在於她們的無知、習慣，以及在以爲世界上的女人活著即是如此的滿足之中。

我不能告訴她們外面的世界，更不敢描述女人的豐盈，我想那會是一種罪過，如同剝開那已痲木的老繭，而使荊刺扎入那嫩肉之中！

□

我在吆喝坡只住了十幾天，可那十幾天中我彷彿感受到了匆匆而過的中國女性歷史。我原以爲，中國各民族的女人以自己獨特的方式連接、發展著自己的民族，但她們是與時代歷史同步的。吆喝坡的女人使我看到了那些被放在時代尾部的母親、女兒、媳婦們。從她們的故事中，我覺得我看到了原始部落中的女人生活，可我卻是在這個當今的時代中看到的。歷史不能一步走完，但吆喝坡的女人也要在那漫長的艱辛步伐中追趕歷史嗎？她們追得上嗎？我很擔心，因爲歷史不能等她們……。

十幾天的採訪結束，我感到的是一種開始。我充滿期盼：會有人幫助吆喝坡的女人走快點的！

離開吆喝坡的那天我發現，我送給那位奶奶作紀念的那幾個衛生巾，別在她兒子們的腰間。顯然，這幾個男人把它們當作擦汗墊手的小毛巾了。

□

從吆喝坡回來後，我常常想，現在中國究竟處於哪個歷史階段？中國人之間的生活差距到底有幾十年還是幾百年？還有多少人在貧寒饑餓中生活著？我很想知道答案，可我又很怕知道答案。

一次與老陳談起我的這些「怕」，他說，他的延安之行也給他帶來了這種「怕」。

大李聽完吆喝坡女人的故事後問我：「吆喝坡的女人覺得幸福嗎？」

一旁的夢星大叫：「廢話！那些女人怎麼可能覺得幸福!?」

我告訴夢星，我近八年採訪過上百位的中國女性，只有吆喝坡的女人對我說她們很幸福。吆喝坡的女人，讓我懂得了「無欲」的自由跟「給予」的無畏，而中國女人生存的差異，使我看到了中國伸展傳統與壓縮歷史的能量。

後記

一九九七年，我移居倫敦，但那些中國女人們的故事從來沒有離開我的心。

在飛往倫敦的途中，我與一位剛剛結束在中國旅遊的西方遊客談起中國，他說那是他第七次去中國了。他的興奮中，大多是中國的古蹟、茶葉、絲綢、園林跟毛澤東和文化大革命。我試著問他對於中國女性的了解，他說，他只知道中國的女人很能幹，在中國到處可以看到女子跟男子一樣工作。他問我：「中國的領導人是不是有挑選妻子的特權？中國的丈夫是不是怕他們的太太？」

我到達倫敦的第四天，驚聞戴安娜王妃猝亡。我與一位英格蘭婦人談及戴安娜的女人觀，以及中國女人的情形，她激動地勸我：「你應該寫出來，西方女人對東方、特別是中國女性的生活與情感非常有興趣。可是對於西方女人來說，現代中國的女人就好像戴著遠古的面紗，人們很難有機會能揭開它。」很久以來，人們看到的只有中國女人的服飾標誌，中國女人養育的一代代的兒女，很少有人能看見中國女人眼中流露的情感和心靈的渴望。她說，現在中國開放了，世界可以「讀」她了，「你應該用你知道的一切幫助世界翻閱中國女人的篇章」。

後來，我在倫敦大學亞非學院給一位來自荷蘭專修中國女性文學的女碩士生講課，我談到了中國女性作品形成特點及構成因素。我把中國女人的「共同」和「擁有」分析給她聽，並爲她講述了幾個採訪故事。她激動地說：「老師，你應該寫出來。你採訪、研究了那麼多現代中國各階層女性的經歷，爲什麼不寫出來讓世界眞正了解她們呢？要知道，現在和過去的人們只是從極少的書中看到那小窗中的一兩戶中國人家，而人們需要從各個側面了解中國和中國的女人們。老師，你一定要寫！」

一位在倫敦大學就讀的中國女孩子經由別人的介紹找到我尋求幫助，她說她非常苦悶，她媽媽不顧高昂的國際長途電話費，隔一、兩天便打電話提醒她，告誡她要保持住貞節，不要接近任何男子。二十二歲的她問我：

可不可以親吻喜歡的男孩子，要是親吻後會發生什麼？

被親吻後是不是就不能算處女了？

爲什麼西方男女接吻撫摸那麼無所顧忌？

這些問題，使她在這個十五、六歲少男少女便有了性經歷的西方社會顯得如此奇特，以至她那些在倫敦的朋友同學幾乎沒有人相信她的煩惱，遑論同情她的苦楚了。可我理解她，我知道，她是從中國那性知識的荒漠中走來的。

在中國，這樣的女孩子太多太多了！面對因此而搖頭發笑的西方人，我越發感到了責任沈重。我應該，也必須以我採訪中那些中國女子的淚水和我的淚水爲中國的女人們解釋她們的「無知」。

我開始在那些中國女人的故事的林中跋涉，奮筆疾行中充滿了我的激動和我對中國女人的深情。在寫作時，我常常自歎字裡行間的遺憾，我常常找不到那最合適、又最足夠的詞句以描繪中國女人們的愛、情、悲、怨。

我們活著是爲了將來，但「過去」是我們「今天」的根，我希望我兒子盼盼和更多的中國年輕人了解我們的根，我們的中國女人們。

謝謝您的閱讀！

感謝

每天我都要說很多遍的「感謝」，

我感謝人們、自然、事物對我的給予。

在此，我特別要感謝：

我的兒子——盼盼，感謝他給予我時間寫完這本書

我的父母——感謝他們幫助我了解他們時代的中國

托比·伊迪——感謝他給予我他的眞心和巨手將這本書傳給您

狄星——感謝她以豐富的中國知識和準確的英文翻譯這本書

愛萍——感謝她以一份中國女人心校譯這本書

瑞柏卡·卡特——感謝她以對中國女性的關注和理解編輯這本書

鄧旻煒——感謝他給予我寫作中的文字幫助

中國女人們——感謝她們給予我爲這本書的自豪

您——感謝您給予您的時間和情感閱讀這本書

國家圖書館出版品預行編目資料

中國好女人／欣然 著 -- 初版-- 臺
北市：大塊文化，2002 [民 91]
面； 公分. (Mark 34)

ISBN 986-7975-57-X (平裝)

1.婦女--中國--通俗作品

544.592 91018556

LOCUS

LOCUS

LOCUS

LOCUS